Eugène GALLOIS
Chargé de Mission.

Voyage autour du monde par l'Océanie

L'AMÉRIQUE CENTRALE

LES ANTILLES

ET LES GUYANES

avec illustrations de l'auteur.

PARIS

LIBRAIRIE AFRICAINE ET COLONIALE

J. ANDRÉ

27 — rue Bonaparte — 27

1903

VOYAGE AUTOUR DU MONDE

PAR L'OCÉANIE

l'Amérique Centrale, les Antilles et les Guyanes.

Voyage de M. Eugène GALLOIS

Autour du Monde

(Mars 1901 à Mars 1902)

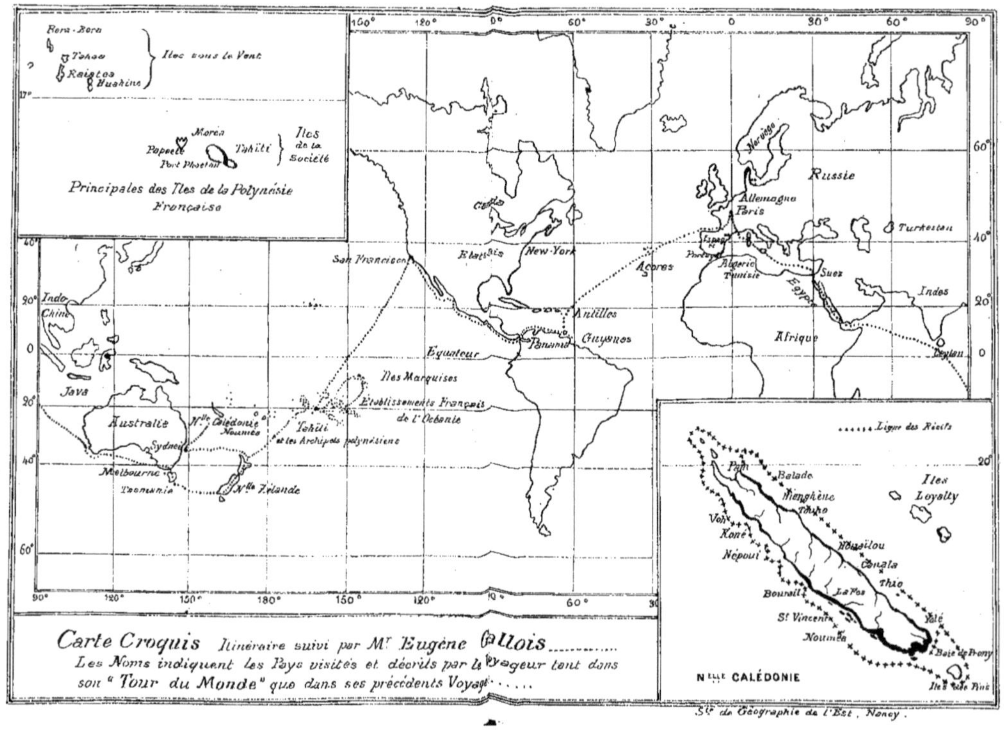

VOYAGE
AUTOUR DU MONDE
PAR L'OCÉANIE

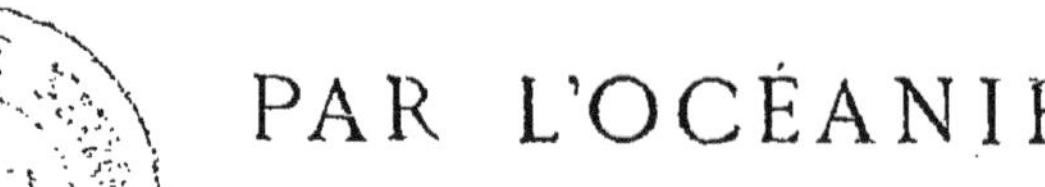

l'Amérique Centrale, les Antilles et les Guyanes

DE

M. Eugène GALLOIS, Chargé de Mission

avec illustrations de l'auteur.

PARIS

LIBRAIRIE AFRICAINE ET COLONIALE

J. ANDRÉ

27 — rue Bonaparte — 27

1908

INTRODUCTION

Passionné pour les voyages auxquels j'ai déjà consacré une partie de ma vie, j'avais jusqu'à ce jour, de préférence, dirigé mes pas surtout vers l'Extrême-Orient ; j'avais voulu étudier cette Asie, berceau du monde, foyer de civilisations antérieures à la nôtre ; j'avais parcouru ces si intéressantes régions de l'Inde, cette terre merveilleuse à tous égards, de la Perse et du Turkestan, pénétrant au cœur du vaste continent asiatique, le plus vieux de notre Planète, de l'Indo-Chine, cette belle presqu'île que nous avons faite française à la fin du siècle que nous venons de quitter, et je me suis arrêté aux portes de la Chine et du Japon, ces pays qui méritent une étude toute spéciale, à laquelle je compte bien me livrer quelque jour.

Mon attention avait, en effet, été attirée d'un autre côté, soit par des lectures, soit par des récits ; il m'était arrivé plus d'une fois d'errer en pensée, sur la carte, à travers ce vaste Océan Pacifique qui est loin de justifier son nom (j'en parle par expérience), de m'égarer au sein de ces multiples archipels, les oasis de ce désert aquatique....

Aussi, après avoir réfléchi, après m'être renseigné de divers côtés, un beau jour ma décision fût-elle prise et bientôt mon programme arrêté d'accord avec des compa-

gnons que cette visite d'un coin du globe peu fréquenté avait tentés. Le programme était vaste, comme on le verra par la suite, bien que nous ayons dû encore le rogner ou le modifier suivant les événements et des circonstances tout à fait indépendantes de notre volonté.

Ce voyage devait nous mettre aussi à même d'étudier diverses colonies françaises les plus éloignées de la Métropole et de voir le rôle que la France jouait dans cette partie du monde, où elle occupe une situation exceptionnelle par la possession d'îles, précieuses entre toutes, les plus beaux joyaux de son écrin colonial, perles merveilleuses que lui jalousent les grandes Puissances.

Notre voyage devait débuter rationnellement par l'Australie, l'île continent, et par ses petites sœurs, la Tasmanie et la Nouvelle-Zélande, pour se poursuivre par la Nouvelle-Calédonie et ses dépendances. De là nous comptions excursionner dans les beaux archipels anglais, allemands et américains, puis gagner Tahiti, l'île enchanteresse tant chantée, et consacrer quelques mois à la visite des archipels formant comme une auréole à la perle du Pacifique. Enfin nous abandonnions, au retour, la voie classique et rapide des États-Unis, pour redescendre de la Californie jusque dans l'Amérique Centrale, franchir l'isthme de Panama, et allonger encore notre vaste circulaire autour du monde par une visite aux Guyanes et aux Antilles, étant ainsi des derniers à avoir visité nos belles îles de la Guadeloupe et de la Martinique, et contemplé la florissante cité que fut Saint-Pierre.

VERS L'AUSTRALIE

La date du départ fixée, nos préparatifs furent vite faits, et après avoir embrassé parents et amis, vers la fin de mars de l'année dernière, nous gagnions la cité Phocéenne, alors toute angoissée par la grève qui faillit même compromettre notre départ, comme il avait dû en faire ajourner plus d'un. C'était donc sous une bien fâcheuse impression que nous allions nous éloigner pour de longs mois des rives de notre chère France.

La ville était triste et le ciel lui-même, gris et terne, paraissait vouloir s'associer à ce deuil passager. Cette Marseille si gaie, si animée, était morose ; il semblait qu'elle eût eu conscience du triste spectacle qu'elle donnait au monde civilisé. Sa vie active était suspendue ; quelques rares désœuvrés, ouvriers ou badauds, traînaient par les rues... les boutiquiers avaient laissé closes leurs devantures, et c'est à peine si les cafés étaient ouverts, dégarnis de leurs terrasses. Peu ou pas de voitures, et il nous souvient de la difficulté que nous avons eue pour trouver le moyen de transporter nous et nos bagages au bateau.... Aussi on comprendra sans peine que ce ne fut pas le cœur bien gai que nous vîmes disparaître dans la brume du soir le grand port français méditerranéen, que semble pourtant protéger du haut de son piédestal superbe la « Bonne Mère, » la Vierge de Notre-Dame de la Garde.

Nous étions donc bien partis, malgré la grève, mais malheureusement sans charbon ; aussi fallut-il aller en prendre à Toulon aux dépôts de la Marine. Ce léger crochet nous procura l'avantage de contempler quelques heures de plus les rives fortunées de la côte d'Azur, avec leurs jolies échancrures dans l'encadrement de belles et verdoyantes falaises, tel le cap Sicié qui dresse sa fière silhouette à l'entrée de l'admirable baie de Toulon.

Enfin, nanti de combustible, notre paquebot reprenait la haute mer.... C'était un de ces beaux types, de construction moderne, comme la Cie des Messageries-Maritimes en a placé quelques uns sur ses grandes lignes. Confortablement aménagé, notre hôtel flottant, pour plusieurs semaines, ne paraissait rien laisser à désirer.... Nous étions peu nombreux et par conséquent à notre aise, chose fort appréciable.

La reconnaissance du bord, toujours intéressante, occupa nos premiers loisirs ; après quoi chacun s'organisa à sa guise. Les journées allaient en effet succéder aux journées sans ces soucis perpétuels de l'existence, sans ces préoccupations incessantes; on est réduit presque à la vie végétative, isolé, comme on l'est, du reste du monde, et par conséquent impuissant à agir. Chacun s'évertue alors à tuer les heures, en dehors de celles, si précieuses, consacrées au sommeil, de celles des repas, et de la sieste, pour beaucoup. La conversation, la lecture, le travail pour un bien petit nombre, le jeu, la musique au besoin, seront de précieux passe-temps....

Avec le désœuvrement le moindre événement prendra de l'importance, et c'est de la sorte que l'on arrivera, si le temps est beau, condition indispensable, à ne pas regretter sa traversée, cette traversée malheureusement si appréhendée par bien trop de gens timorés qui reculent même devant la pensée de l'embarquement pour un long trajet, se refusant ainsi les belles et saines distractions du voyage....

Sans insister sur cette route suivie par les courriers de toutes nationalités qui se dirigent vers l'Extrême-Orient par la voie du canal de Suez, nous nous permettrons d'en signaler les attraits, car elle est la grande route maritime intéressante par excellence, comme on le sait, et, qui plus est, elle est aussi par les paquebots français la route directe de l'Australie, abandonnant la ligne du Japon à l'escale de Colombo.

Le voisinage et le contact même de la terre sont un des charmes des plus appréciés du passager, car on est marin que par occasion, comme voyageur, et par conséquent on n'est jamais fâché quand on peut « fouler le plancher des vaches. »

En passant, jetons donc un coup d'œil, comme en une fugitive vision, sur les terres que nous rencontrerons au passage ou même que nous accosterons. Ce sera d'abord la Corse et ses montagnes plus ou moins neigeuses qui nous apparaîtront ; la contournant par le détroit ou « Bouche de Bonifacio, » nous laisserons à tribord la côte de Sardaigne, et nous l'aurons à peine perdue de vue que le bateau s'engagera dans l'archipel des îles Lipari ; il approchera plus ou moins l'une d'elles, le volcan presque toujours actif du Stromboli.... Puis ce sera les côtes pittoresques de la fameuse Calabre qui se montreront, et, sans crainte de tomber de Carrybe en Scylla, le paquebot franchira le détroit de

Messine, laissant derrière lui le majestueux Etna
et le sud de la péninsule italique. La terre des
Pharaons ne se révèlera qu'à son contact, car les
côtes sont plates et l'on passera devant le delta
du Nil presque sans s'en apercevoir, pour aller
s'engager dans le canal de Suez....

Le passage du canal n'est pas d'un médiocre

Colombo

intérêt, il n'est pas besoin d'ajouter, et une
escale à Port-Saïd est très appréciée par les
nouveaux embarqués, qui feront bien de veiller
sur leur porte-monnaie.... Les quinze, dix-huit
ou vingt heures que l'on met à accomplir la
traversée de l'isthme s'écoulent d'une façon
fort intéressante si le parcours est effectué de
jour, cela s'entend, quoique la nuit la vue de

ces monstres au front desquels brille étincelant un œil de cyclope (le projecteur électrique qui éclaire le chemin) ne laisse pas que d'être original.

Mais nous sommes descendus, en latitude s'entend, et la chaleur est venue ; elle va augmenter, car voici la terrible mer Rouge, dont la désagréable réputation n'est plus à faire. Le thermomètre centigrade dépassera couramment trente, trente-cinq, quarante degrés... et même plus parfois.... Mais la traversée sera de courte durée, trois, quatre, cinq jours au plus, et on en sortira en se glissant le long du « bouchon » anglais, l'île de Périm, pour toucher sur le continent africain ou sur celui asiatique, à Djibouti, ou à Aden, ou encore ni à l'un ni à l'autre, comme le font les courriers français australiens. La traversée en diagonale de cette partie de la mer des Indes demande quelques jours, après lesquels le bateau vient faire escale au sud de la belle île de Ceylan, dont la visite nous a laissé d'agréables souvenirs, à Colombo, le grand port, si fréquenté, où se coudoient les pavillons de toutes les nations, escale intéressante entre toutes, comme personne ne l'ignore.

De Colombo, le paquebot pique diagonalement sur l'Australie à travers l'Océan Indien, où, si l'on navigue comme sur un lac à certaines époques, on est, à d'autres, fortement secoué par les vents de mousson.

L'Equateur est dépassé et on entre dans l'hémisphère sud.

L'année dernière, comme cette année encore du reste, les paquebots des Messageries–Maritimes touchent à Fremantle, le port de la nouvelle ville de Perth, qui, fondée en 1829, ne comptait pas 5,000 habitants il y a un demi-siècle et possède aujourd'hui plus de 100,000 âmes. A moins de cinq lieues de la mer, elle s'étage au-dessus des bords d'une jolie rivière, cité en bois et en tôle galvanisée, où se montrent cependant quelques édifices en matériaux plus consistants. Elle est la capitale de l'Australie occidentale, et c'est la découverte des richesses du sous-sol dans la région de Coolgardie qui a fait sa fortune.

Abandonnant les escales de Albany et de Adélaïde, après avoir franchi le cap si redouté de Leuwin, le bateau passe au sud du golfe que forme l'Australie dans sa partie basse pour gagner Melbourne qui dispute à Sydney le premier rang des cités australiennes. Mais comme nous prenons pied sur le continent australien, il serait peut-être intéressant de jeter un coup d'œil rapide sur la plus jeune des cinq parties du monde.

L'AUSTRALIE

Puisant aux bons auteurs, comme M. Levasseur, le savant membre de l'Institut, nous verrons que dans la plus grande surface d'une partie des mers recouvrant notre globe, à laquelle on a donné le nom de Pacifique, surgissent innombrables des îles de toutes dimensions. « L'ensemble de ces îles, écrit-il, et l'Australie qui doit être considérée non comme une île, mais comme le plus petit des continents (l'Australie mesurant sept millions et demi de kilomètres carrés), constituent l'*Océanie*, qui est la cinquième partie du monde et qui justifie pleinement la dénomination de monde océanien. » Les savants ne semblent pas absolument d'accord au sujet de la division de ce continent et du classement des archipels ; c'est ainsi qu'on serait tenté de rattacher à l'Asie ces grandes îles appartenant pour la plus majeure partie aux Hollandais et groupées sous la dénomination de Malaisie, tandis que l'Australa-

sie, à proprement parler, comprendrait le continent qui nous occupe, plus la Nouvelle-Guinée,
la Tasmanie, Nouvelle-Zélande, Nouvelle-Calédonie, ainsi qu'une série d'archipels en chapelets
égrenés à l'est ; la troisième subdivision, la Polynésie, comprenant toute la pléiade d'îles, en
général plus petites, qui sont éparses dans l'im-
mensité du Pacifique, telles les étoiles qui pavent
la voûte des cieux....

Mais avant de nous lancer au travers de ces
mers solitaires, voyons d'abord l'Australie, qui
serait la plus ancienne terre du globe, s'il faut en
croire certains érudits, auxquels nous abandon-
nerons les longues dissertations géologiques.

Nombreux sont les navigateurs qui se lan-
cèrent à l'aventure dans ces solitudes aquatiques,
à diverses époques. Ceux qui ont donné leur nom
à quelque terre où à quelque passage, cap, montagne, etc., sont des plus célèbres ; ils sont classiques. Tels le Portugais Magellan, qui se hasarda
le premier, vers le commencement du xvie siècle ;
Mendana, auquel on est redevable de la découverte des nombreux archipels, Marquises, îles de
la Société et autres : Torrès, qui reconnut le passage entre la Guinée et l'Australie ; Tasman, et
surtout, un siècle plus tard, le célèbre capitaine
James Cook, qui consacra, on peut dire, sa vie à

l'exploration du Pacifique et à l'étude des principaux archipels. Son nom, du reste, reviendra plus d'une fois sous ma plume au cours du voyage accompli que je cherche à résumer ici. Auprès du fameux marin anglais brillent encore d'un vif éclat des hommes illustres comme l'infortuné La Pérouse, d'Entrecasteaux, Vancouver, Bougainville, Dumont d'Urville, et plus près de nous l'amiral Dupetit-Thouars.

Rappelons-nous en passant que les peuples d'Europe ont pris pied en Océanie à une époque relativement récente; l'Angleterre au début du siècle dernier, la France vers 1840, l'Allemagne seulement en 1884, et l'Amérique on peut dire tout récemment.

N'entrons pas dans des considérations etnographiques qui nous entraîneraient trop loin, mais n'oublions pas que la race australienne a passé pour la race des plus inférieures et qu'elle va disparaître complètement, et que la flore et la faune sont d'un intérêt bien secondaire à côté de celles des autres continents. On sait, en effet, que l'Australie ne possède que quelques amilles d'animaux dont une lui est tout à fait propre et est bien particulière, celle des marsupiaux (le kanguro) avec de nombreuses variétés. On a voulu doter ces pays du lapin, et on sait

les tristes conséquences de la réussite de cette
fâcheuse tentative. On trouve quelques oiseaux,
dont certains exceptionnels, et des serpents,
sans parler des insectes.... La flore serait assez
riche, puisqu'elle comporterait une grande variété
d'essences d'arbres et plus de douze mille espèces
de plantes, dont huit mille spéciales, paraît-il.

Quant aux richesses minières, elles sont très
nombreuses, n'est-ce pas, et leur mise en valeur
entreprise depuis longtemps déjà semble se
développer chaque jour. L'or surtout a fait fureur
à diverses époques, et le charbon a permis à des
industries de se créer.

Géographiquement et surtout pittoresquement,
la terre australienne serait d'intérêt médiocre.
L'aspect extérieur est souvent triste, les côtes
généralement banales; le sud l'emporterait sur
le reste de cette île gigantesque, tant par le pittoresque de son relief que par la nature de son
sol. C'est dans cette région que l'on trouve les
plus hautes montagnes, Pyrénées et Alpes australiennes, mais ne dépassant pas l'altitude de
1.500 à 2.000 mètres, sans neige ni glace. Au
centre de l'île, c'est un vaste Sahara, moins
connu que son frère africain. Hydrographique-
ment, les fleuves sont de peu d'importance;
presque seul le Murray est digne d'être cité, avec

son affluent la rivière Darling, et encore peuvent-
ils tout au plus être comparés à notre Seine. Les
cartes portent aussi des lacs qui rappelleraient
plutôt les chotts algériens, étant sans fond et
souvent à sec pour tout ou partie du moins, suivant les saisons.

L'Australie mesure environ 3.800 kilomètres
en largeur de l'est à l'ouest, et près de 3.200 kilomètres en longueur du nord au sud, avec un développement de côtes qu'on évalue de 13.000 à
15.000 kilomètres, présentant une surface totale
de 7.750.000.

Sa population, de race blanche, celle indigène
ayant on peut dire disparue, qui était, il y a un
demi-siècle, d'environ 50.000 âmes, a donné au
dernier recensement plus de 3.500.000 habitants,
répartis inégalement dans les six provinces, fon-
dues aujourd'hui dans la Fédération australienne,
qui n'aspire à rien moins qu'à former les Etats-
Unis d'Océanie, avec le concours des îles voisines
de la Tasmanie et de la Nouvelle-Zélande, pour
ne limiter encore que là l'ambition des Australiens. La plus vieille des provinces, si elle n'est
la plus considérable, est du moins la plus peuplée; elle porte le nom de Nouvelle-Galle du Sud,
avec Sydney comme capitale. Après elle et con-
tiguë vient celle de Victoria, si prospère avec sa

grande cité de Melbourne; puis, au nord, le Queensland, avec Brisbane. Au sud et à l'ouest, ce sont les provinces de l'Australie méridionale et de l'Australie occidentale, avec des villes comme Adélaïde et Perth. Enfin les vastes régions du centre ont été groupées en une province, à la tête de laquelle est la jeune cité de Palmerston.

Nous n'entrerons pas dans l'exposé des chiffres, commercialement parlant; on se figure suffisamment combien peut être déjà considérable le chiffre d'affaires de ce pays, tant à l'exportation qu'à l'importation; c'est par milliards qu'il faut compter. On sait aussi, au point de vue exportation, que la laine des millions de moutons, à l'élevage desquels on s'adonne presque exclusivement, fournit la principale matière commerciale. C'est par millions aussi qu'il faut compter les têtes de bétail et même les échantillons de la race chevaline. Quant aux diverses cultures, elles n'utilisent encore qu'un nombre relativement restreint d'hectares, quatre millions peut-être?

Climatologiquement, l'Australie offre divers climats, suivant la latitude, et si les régions du nord sont sous la zone tropicale, celles du sud seraient relativement tempérées, sans froid à proprement parler, mais avec une saison passablement chaude, comme on peut vite s'en rendre compte à la simple vue de la flore.

Négligeant la grande province du nord-ouest et du centre, la moins exploitée et même inconnue et inexplorée encore sur plus d'un point, nous passerons également sur celle à laquelle nous avons accosté et ne dirons qu'un mot de sa voisine, pour insister un peu sur les plus peuplées et les plus intéressantes, énumérées plus haut. La voisine, c'est-à-dire l'Australie méridionale, jouit d'un climat tempéré qui a permis à nos compatriotes viticulteurs d'aller s'y établir et d'y prospérer ; depuis des années déjà on boit là-bas des vins qui cherchent à imiter nos bons crus de France, mais n'arrivent pas à les égaler, il faut le reconnaître. Adélaïde, une ville tirée au cordeau et peuplée d'une centaine de mille âmes, a le tort de n'être pas au bord de la mer.

Mieux placée est la grande cité de Melbourne, à laquelle nous avons débarqué.

MELBOURNE

Créée au fond de cette vaste baie, à fond trop plat, de Port-Philippe, sur les bords de la rivière Yarra, insuffisante comme port, malgré les travaux faits et l'aménagement de bassins, Melbourne s'est étendue jusqu'à la mer même en un quartier, Port-Melbourne. Ville d'affaires avant tout, elle ne saurait retenir le voyageur par ses charmes absents et ses distractions fort relatives, avec ses rues plutôt banales, bordées de constructions trop souvent de mauvais goût et de style aussi prétentieux que peu choisi. Il n'est pas jusqu'à ses monuments et édifices publics qui ne méritent pas d'être analysés, pas même la massive construction à colonnade du Parlement. Sans atteindre les proportions cyclopéennes et démesurées des bâtisses américaines, les maisons de Melbourne dépassent déjà, pour certaines du moins, des dimensions normales. Inutile d'ajouter que tramways, chemins de fer, électricité, téléphone, aux innombrables fils jetés à travers les rues, rien n'y manque. Je dois une mention particulière pour les jardins zoologique et botanique, ce dernier surtout bien situé dans l'intérieur presque de la vaste cité qui englobe sept collines, tout comme la Rome antique... et... d'autres villes! Il faut ajouter encore quelques squares, et de ces parcs à l'anglaise où de vastes pelouses sont réservées à la jeunesse avide de sports violents. J'allais aussi oublier le Musée ; mais évitons la sécheresse pratique et précieuse d'un Guide local.... Nous nous en serions voulu

de quitter le sol australien sans excursionner quelque peu aux environs de la ville, et ces
promenades n'ont pas été sans intérêt, comme
celle surtout au milieu de forêts aux encalyptus
géants (certains luttent avantageusement contre
leurs rivaux de Californie par leur taille phéno-
ménale qui dénote un bien grand âge). Dans ces
excursions, nous avons fait connaissance avec le
terrible lapin destructeur, vendu à vil prix
quelques sous! En s'enfonçant dans l'intérieur
de la province, on trouve aussi quelques paysages
de montagne non dénués d'une certaine grandeur; mais en général, la note dominante serait
plutôt l'aspect triste.

La Tasmanie était trop proche pour n'y pas
au moins poser le pied.

TASMANIE

Aussi c'est ce que nous fîmes en franchissant le détroit de Bass, souvent bien agité, et en remontant la jolie rivière de la Tasmar jusqu'à Launcestown. Elle offre dans ses méandres de gracieux paysages, s'élargissant par endroits au point de former des sortes de lacs aux eaux paisibles. A droite et à gauche se dressent des collines au-dessus desquelles se montrent même de véritables montagnes. Par-ci par-là quelque cottage apparaît à demi caché dans la verdure....

Dans ce pays, visité par Cook en 1777 après avoir été découvert en 1642 par Abel Tasman, agissant au nom de son chef le gouverneur des Indes néerlandaises, Van Diémen, on s'adonne surtout à l'agriculture et spécialement à l'élevage. Le mouton joue là encore un très grand rôle. Au reste, si la flore et la faune rappellent celles de l'Australie, le pays n'est pas soumis exactement aux mêmes conditions climatologiques ; il est avant tout tempéré, à tel point que des médecins y envoient certains de leurs malades. Agréable a été notre surprise de retrouver dans ce lointain pays des évocations, à l'aspect extérieur, de la Patrie. La Tasmanie, en effet, presqu'aussi vaste que l'Irlande avec ses 68.000 kilomètres carrés, ne manque pas de pittoresque avec ses plateaux, ses montagnes (dont certaines atteignent 2.000 mètres), ses rivières (dont quelques-unes ont un parcours fort intéressant), et ses jolis lacs, sans parler de ses falaises (dont quelques-unes nous présentent d'aussi étranges que remarquables silhouettes.

Il est bon de rappeler que les Anglais s'y sont installés dès le début du XIXe siècle, et que leur œuvre colonisatrice s'est rapidement développée, au point que l'on compte 200.000 habitants blancs, l'élément indigène ayant totalement disparu.

Le pays est déjà doté d'un petit tronçon ferré, et la ligne principale, traversant l'île, mesure plus de 200 kilomètres. Commercialement, les affaires ont déjà dépassé le chiffre de cent millions de francs.

Si Launcestown est une gracieuse petite ville placée à côté d'une gorge fort pittoresque et sauvage, que dire d'Hobart, la capitale, qui au lieu de 30,000 âmes en compte au moins le double et

est surtout placée dans un site autrement pittoresque, adossée comme elle l'est au mont Wellington qui, pendant la majeure partie de l'année,
porte de la neige à son sommet (1.200 m. d'altitude).

La ville, proprette, descend jusqu'à la su-

HOBART ET LE MONT WELLINGTON

perbe rivière qui lui constitue une rade merveilleuse et un port naturel en eau profonde, la
Derwent, dans le bel encadrement de verdoyantes
collines. Un parc public de 400 hectares a été
fort heureusement et judicieusement réservé
aux portes de la ville. Une partie en a même

été aménagée en jardin botanique, agréable promenade aux plantes et fleurs variées, accolée au parc qui entoure la résidence du gouverneur.

D'Hobart trois à quatre jours devaient nous suffire pour atteindre le sud de la Nouvelle-Zélande et nous trouver aux antipodes. Il nous souvient avoir été assez fortement secoués dans ce passage où des bandes d'albatros énormes nous escortaient....

NOUVELLE - ZÉLANDE

C'est au petit port de Bluff que nous accostions la grande île, justement tant vantée, découverte également par Tasman, et étudiée dans le siècle suivant (au xviiie) par Cook et visitée souvent après par des marins, comme Surville, Vancouver, d'Entrecasteaux, etc.... Dès 1814, les Missions protestantes anglaises s'en étaient occupé, précédant la main-mise de leur nation qui nous « souffla » littéralement la possession de cette belle contrée, intéressante à tous points de vue.

Sans entrer dans les détails géographiques, on n'a pas oublié que ce groupe de terres d'une surface totale de 270.000 kilomètres carrés (c'est-à-dire presque vaste comme l'Italie) se compose de deux îles principales, celle du Nord de forme un peu bizarre, et celle du Sud, oblongue, et mesurant des centaines de kilomètres. Au-dessous est la petite île Stewart, peu habitée. Si la première, par la nature de son sol volcanique et par

les manifestations extérieures du travail souter-
rain, a mérité le surnom de « Terre des Merveilles, » la seconde pourrait être surnommée la
« Suisse australe. » En effet, en dehors de ses
vastes plateaux qui ont provoqué chez moi des
évocations et réminiscences algériennes, la Zé-
lande offre au touriste, dans le sud, de véritables
fiords de Norvège, des lacs d'aspect variés, où le
gracieux, le grandiose et le sauvage alternent, et
de superbes montagnes aux grandioses glaciers
dont certaines vont chercher 3.000 et même
4.000 mètres, sans parler d'une foule de beautés
naturelles, cascades, gorges, torrents, forêts,
grottes, etc., etc....

Fleuves et rivières arrosent la Nouvelle-Zélande
en suffisante quantité, et déjà la mise en valeur
des terrains a pris de l'importance ; on estime à
600.000 hectares la surface des terres cultivées
et à plus de cinq millions (d'hectares) celle des
pacages, situés surtout sur les plateaux. La forêt
couvre encore une grande partie surtout de
l'ouest et du nord de la grande terre. Cela nous
amène à parler de la flore; elle est relativement
peu variée, ne comptant guère que cent et
quelques essences forestières, sans parler de la
fougère arborescente, véritable arbre et qui donne
un charme tout particulier à certains pays zéelan-

dais. Pas de reptiles ni de mauvaises bêtes ; mais ici aussi le lapin pullule et commet d'importants dégâts..., c'est l'ennemi. Les oiseaux sont assez nombreux (on compte 150 espèces environ); certains sont fort jolis et d'autres très rares, comme le kiwi, oiseau particulier à l'île, laquelle possédait jadis une autruche géante, le moa.

Le sous-sol est riche en métaux divers, comme l'or, découvert, il y a plus d'un demi-siècle ; l'argent, le cuivre, l'antimoine, le soufre, le pétrole et surtout la houille, qui a permis la création d'industries. On trouve même des pierres précieuses, mais plutôt en petite quantité.

Telle est cette belle terre de l'hémisphère sud que travaille l'application des théories socialistes... et non pour son bonheur et sa prospérité ! Elle avait progressé rapidement en moins d'un siècle au point de voir sa population s'élever à près de 800.000 âmes, parmi lesquelles la population indigène, la fameuse race maori, bien dégénérée, ne figurerait que pour 50.000 au plus ; mais elle a dû s'endetter fortement, voulant chercher à se mettre au niveau des grandes nations civilisées, trop rapidement peut-être, créant des moyens de communication, routes, chemins de fer (on en compte plus de 3.000 kilomètres), des ports, des services de navigation, même directement avec l'Angleterre et fréquents avec l'Australie, télégraphes, téléphones, etc., de telle sorte qu'elle n'a rien à envier pas plus à la vieille Europe qu'à la jeune Amérique. Son chiffre d'affaires s'élève à un demi-milliard de francs.

Ayant à sa tête, pour la forme, un gouverneur anglais, elle s'administre elle-même, et par l'application du suffrage universel le plus étendu (les femmes étant assimilées aux hommes), la Nouvelle-Zélande a marché, trop marché peut-être, dans la voie scabreuse qu'ont la prétention de tracer au monde moderne les apôtres du socialisme et du collectivisme! Elle est subdivisée en neuf territoires..., mais m'étendre à ce sujet serait peut-être oisif; reprenons notre visite du pays.

La première ville néo-zélandaise avec laquelle nous avons fait connaissance est Invercargill, sur la New-River, une jeune cité de 8 à 10.000 âmes, comblée de trois loges maçonniques, s'il vous plaît! et de plusieurs journaux, car le journalisme fleurit là-bas. On peut dire que le moindre « trou » possède sa ou ses feuilles.... Il n'est pas besoin de dire que tout se ressent d'un pays neuf et dans le progrès, tout tend au pratique, à l'utile. On n'a pas encore créé de ces places innombrables où toute une catégorie de citoyens se fait nourrir, sans travail réellement effectif, par les contribuables ; il n'existe dans les administrations publiques comme dans celles privées que le nombre strictement nécessaire d'employés, et le fonctionnarisme (ce mal indispensable) n'est pas entré dans les mœurs néo-zélandaises comme en notre pauvre France. C'est de même, comme nous l'avons vu, que les chemins de fer sont construits économiquement, et que l'on n'a pas dépensé l'argent inutilement en pompeux et superflus travaux d'art ; que dans les gares elles-mêmes tout est organisé aux moindres frais possibles, et ainsi de suite ; c'est pour cela encore que les voitures publiques ramassent et distribuent les dépêches sans d'onéreux intermédiaires salariés quand le besoin d'un établissement, d'un bureau public ne se fait pas absolument sentir.... Et au reste, pourquoi insister? Comme on l'a dit, le fonctionnarisme est une plaie, un arrêt dans le développement intellectuel d'un peuple, quand il devient l'unique objectif d'une classe intelligente de la société, chez laquelle s'opère l'arrêt fatal, progressif, quand le but est atteint.... Mais trêve de dissertations qui, hélas ! n'ont jamais servi à enrayer le mal, quelque autorisées qu'elles puissent être !

Regardons plutôt autour de nous et reposons nos yeux sur les bords pittoresques du lac Wakatipu, un des plus originaux de l'île, et non des plus petits avec ses 100 kilomètres de longueur. Un bateau à vapeur permet de le bien visiter et dessert des coins charmants comme Queenstown, rappelant ces délicieuses petites stations des bords des lacs suisses.

Les jolies excursions ne manquent pas aux environs au sein d'une région accidentée à l'ombre d'épais sous-bois ; elles peuvent être complétées par une visite au petit lac Diamond et à la vallée dite « de Paradis, » situés non loin de l'Earnslaw, un des géants de l'île avec ses 3,300 mètres, et qu'à cause de sa forme élancée on a été jusqu'à surnommer le Cervin zélandais.

Nous sommes dans la région des lacs par excellence. Un des plus vastes et des plus gracieux, tant par le caprice de ses formes que par son encadrement de verdure dominé par de hautes montagnes, est sans conteste le lac Anau ; il ne compte pas moins de 340 kilomètres de surface. Son petit frère jumeau est le Manapouri.

Le paysage traversé jusqu'ici n'offrant qu'un médiocre intérêt, je n'insisterai pas.

Un bref séjour dans la grande cité commerciale de Dunedin, bien placée en amphithéâtre sur des collines descendant à une belle échancrure de la côte, la baie d'Otago, nous donnera

une idée du rigorisme des mœurs de ses habitants, écossais d'origine, et nous ne saurions
oublier la tristesse d'un dimanche où nous
errions dans la ville déserte et où il nous a fallu
remplacer le dîner par un simple thé ! Doux pays,
comme aurait dit l'humoristique et profond
Forain.... Oui, les restaurants sont fermés, et
c'est tout au plus si on veut bien nous servir
quelque chose dans les hôtels ! Je ne dirai rien
des monuments ou plutôt des édifices publics de
cette ville bien percée, qui a vu sa prospérité
s'accroître, il y a moins d'un demi-siècle, au point
de voir le chiffre de ses habitants dépasser
50,000. Elle possède église, musée, théâtre et
des jardins publics extérieurs, lui formant comme
une ceinture de verdure. Il n'est pas jusqu'au
champ de course et à la plage voisine qui n'a-
joutent à son agrément. Malheureusement son
port manque de profondeur, et les grands bateaux
doivent s'arrêter à Port-Chalmers, à l'entrée de
la baie.

Ne voulant pas abuser du lecteur, je n'entre-
prendrai pas de lui compter par le menu notre
voyage à travers l'île, et je l'entraînerai rapidement à notre suite, ne signalant que les points
réellement intéressants.

On franchit en une dizaine d'heures les 400 et

quelques kilomètres séparant Dunedin de sa sœur Christchurch, moins intéressante et moins pittoresquement placée, puis on s'enfonce à nouveau dans l'intérieur, car nous voulions aller contempler les beautés alpestres de la grande chaîne montagneuse, formant l'artère de la Nouvelle-Zélande, et ce n'est pas une excursion de moins de 600 kilomètres à faire en voiture (nous devions du reste en faire plus de 1,200 à travers l'île) et par quelles routes; des pistes la plupart du temps fort défectueuses où nous pataugions pour soulager les malheureux chevaux qui avaient peine à traîner les lourdes et massives voitures publiques dans une argile collante. D'autres fois, on avançait avec difficulté sur des cailloux; il fallait franchir des torrents où le véhicule menaçait de sombrer (et il nous souvient encore des moments bien angoissants où nous nous demandions ce qui allait advenir quand on sentait les chevaux se dérober et l'attelage complet entraîné par la violence du courant....) Je conseille aux voyageurs, avides d'émotions de ce genre, d'aller faire un tour en Nouvelle-Zélande.

Franchissant donc les divers étages de plateaux et courant à travers de véritables déserts où d'innombrables moutons erraient à l'état sauvage, nous abritant le soir dans des auberges isolées de tout, nous pûmes contempler la grande chaîne profilant ses lointains sommets neigeux au délà de lacs sauvages comme le Té·kapo et le Pukaki.

Nous en avions aperçus d'autres encore dont l'aspect différait peu, du reste. Des heures et des heures avant d'atteindre le but, c'est-à-dire le pied même des hauts sommets neigeux, nous

LES ALPES DE LA NOUVELLE-ZÉLANDE. — LE MONT COOK

voyions la haute pyramide du mont Cook, le mont Blanc de ces Alpes australes étincelant sous son manteau de glace dans le ciel bleu, spectacle d'autant plus imposant qu'à cette distance il ne perdait rien de sa haute taille, dépassant ses frères de la tête. Nommer tous ces fiers sommets avec les glaciers qui en garnissent les flancs, comme le gigantesque Tasman, le plus grand de ces fleuves glacés, rentrera mieux dans une étude spéciale que je compte pouvoir consacrer à la Nouvelle-Zélande ; aussi nous nous contenterons de les saluer après les avoir longuement contemplés, comme il vous a été donné de pouvoir le faire.... Quelques trop brèves journées se sont écoulées dans cette solitude alpestre où le Gouvernement a pris le soin d'installer une confortable auberge, après quoi nous avons rejoint la côte, les yeux encore pleins des grandioses spectacles que de bien rares Français ont pu admirer. Il a fallu retraverser ces vastes solitudes où de très loin en très loin se montrent encadrées d'un peu de verdure quelques rares métairies dont le propriétaire vit sans souci de la politique, s'occupant de ses moutons et de leur tonte à laquelle s'emploie des ouvriers spéciaux gagnant plus de vingt francs par jour.

Les touristes qui visitent la Nouvelle-Zélande ne manquent jamais de passer sur l'autre versant, plus au nord, par la pittoresque route postière dite d'Otira, franchissant en voiture, une région montagneuse, intéressante surtout dans sa seconde partie. Puisque j'ai parlé de voiture il est bon de donner une idée de ces lourdes machines à carcasse en fer, aptes à résister à tous les chocs ; la caisse en est indépendante et suspendue sur une série d'épaisses lanières de cuir. Elles sont d'ordinaire attelées de cinq vigoureux chevaux tenus bien en mains par des cochers qui sont de véritables gentleman, faisant aux relais les honneurs de la table.... Il nous souvient encore dans ce trajet de certains passages de torrents démesurément larges, au lit de cailloux, où la voiture entraînée par le courant semblait une fragile embarcation allant à la dérive.... Rien de fâcheux heureusement ne nous advint, et ce fut là l'essentiel.

Nous allions ensuite traverser une région forestière des plus pittoresques, où la forêt disparaît ou plutôt semble reculer chaque jour pour faire place à la colonisation, et gagner ainsi la gentille ville de Nelson, au fond d'une baie arrondie adossée à des collines.

De là une route également fort variée d'aspect nous conduit à Picton et à Blenheim, après quoi nous franchissons le détroit qui sépare les deux îles pour débarquer à la capitale nominale de la Nouvelle-Zélande, Wellington.

Fondée en 1839, cette ville, assise au bord d'une baie abritée, superbe port naturel, présente quelque animation avec ses docks et magasins et ses voies principales consacrées au commerce. Elle offre même quelques édifices de plus imposante prestance que ceux que nous avions aperçus jusqu'ici dans les cités néo-zélandaises. Accolée à des hauteurs, la ville a dû s'allonger sur le littoral, et les habitations bourgeoises s'égrènent à la suite sur le pourtour de la baie. Dominant la ville, s'étend un jardin public embryonnaire.

De là deux voies s'offraient à nous pour pénétrer dans la région volcanique; celle par Napier, un port peu intéressant situé sur la côte est, et celle, recommandable à tous les points de vue, de la rivière Wanganui, au delà de laquelle se dresse isolée la belle pyramide neigeuse du mont Egmont. Nous ne saurions oublier les charmes que nous réservait la jolie rivière, justement vantée, avec ses rives abruptement pittoresques disparaissant sous les frondaisons ou tapissée de fougères géantes. De distance en distance quelque village maori nous faisait faire connaissance avec les descendants de cette fameuse race bien dégénérée, et dont les spécimens féminins laissent généralement fort à désirer.

Quittant la rivière, nous gagnions ensuite par la forêt (près de 150 kilomètres de distance) le grand lac Taupo au-dessus duquel se dresse (dans des altitudes variant de 2,000 à 2,500 mètres) un beau groupe de volcans, comme le Ruapehu et le Tongariro.

De l'autre côté du lac, nous étions en pleine « Terre des Merveilles, » dont la visite demande

au moins quelques jours pendant lesquels nous
allions voir une suite de coins où l'activité
volcanique se manifeste sous toutes les formes,
solfatares, jets de vapeurs, geysers intermittents,
sources de boues, d'eaux chaudes souvent utili-
sées et aménagées, et même cratères éruptifs,
soit sur le cours de la rivière Waïkaré ou dans

AUCKLAND ET SA BAIE

la vallée de Vaïotapu. De gracieux lacs, comme
celui de Rotorua, ajoutent leurs charmes à l'intérêt
exceptionnel que présente cette région.

Enfin nous atteignions quelques semaines plus
tard Auckland, la grande ville néo-zélandaise avec
ses 60,000 habitants, merveilleusement située au
fond du golfe d'Hauraki. Sa baie est abritée du
large par une série d'îles que semble dominer

— 40 —

l'ancien volcan du Rangitoto, lorsque l'on contemple du haut de la pyramide de gazon du
mont Eden le beau panorama de la ville et de ses
environs. La ville, animée, est de plus fort pittoresque par elle-même. Elle est dotée de jardins
et parcs publics, et pour notre part elle nous a
laissé un souvenir d'autant plus agréable que
nous y avons trouvé le plus cordial accueil de la
part d'un compatriote faisant fonction de chan-
celier du consulat.

Je n'insisterai pas sur l'importance d'Auckland,
importance qui n'échappe à personne à cause de
sa position à la tête en quelque sorte de la
Nouvelle-Zélande.

D'Auckland il nous fallait regagner l'Australie,
pour laquelle les départs sont fréquents, différentes
lignes de navigation mettant la Nouvelle-Zélande
en communication avec le continent Australien
dont environ douze cents milles marins la sé-
parent. Si le trajet ne dure que quelques jours,
il est loin d'être agréable parfois, et la mer ne
nous a guère été clémente comme dans tous
ces parages Australiens en général.

Reprenons donc pied en Australie, et après
un court séjour à Sydney, nous gagnerons la
Nouvelle-Calédonie, la première terre française
de l'Océanie.

SYDNEY

Tous les voyageurs ont été unanimes à apprécier les charmes de la célèbre baie de Port-Jackson où est située la « Reine du Sud » la grande cité australienne de Sydney qui dispute à sa rivale, Melbourne, le premier rang. A l'extérieur de hautes murailles cyclopéennes, imposantes falaises, défendent la baie contre les assauts du large; une fois le seuil franchi on trouve une sorte de lac, bien encadré de verdoyantes collines, aux formes capricieuses, ainsi qu'un simple coup d'œil sur la carte suffit pour en donner une idée. Qu'on se figure, en effet, cette rade affectant la forme d'une main dont les baies principales seraient comme les doigts. Son circuit d'environ 25 kilomètres donnera une idée de ses dimensions. Et c'est sur la partie sud que se trouve construite la capitale de l'ancienne province de la Nouvelle-Galle du Sud, la première cité en date de l'Australie.

Peuplée de près de 500,000 âmes, comme ça

grande concurrente, elle séduit plus que cette dernière, dont elle n'offre pas la banalité, quoique percée également de grandes voies droites. Les constructions, parfois imposantes, ne choquent pas non plus comme celles des grandes villes américaines, dont on retrouve la bruyante animation, car des tram-cars électriques y circulent en tous sens et il est jusqu'à un véritable chemin de fer qui passe en pleine ville, sans parler des cabs, omnibus multiples vous raccolant comme à Londres, etc. Si la facilité des communications est grande sur terre, elle l'est aussi sur l'eau, et tous les coins de la rade sont desservis par une flottille de bateaux, sortes de ferry-boats, partant du quai « circulaire, » hâvre naturel, où accostent à leurs docks respectifs les navires des grandes Compagnies de navigation de toutes nationalités. Le port de guerre est situé non loin, au delà du jardin botanique dans lequel est enclavée la résidence du Gouverneur anglais au centre de son parc privé; enfin au delà de cette partie de la ville qui étage ses maisons au-dessus du quai circulaire se trouve le port de commerce, à proprement parler, avec sa foule originale de bateaux de toutes formes et dimensions. La ville, elle-même, est assez pittoresque avec ses rues en pente, car elle est construite sur un sol accidenté.

Dans le centre quelques monuments attirent les regards, comme l'Hôtel de Ville lourd édifice surmonté d'un haut beffroi, la Poste de style florentin-vénitien, avec un campanile élancé, le Palais de Justice, l'Université, la Bibliothèque, le Musée, édifices en général dénués d'intérêt, comme les églises du reste. Des parcs ou squares égayent la

Vue de Sydney

ville par leur verdure sous ce ciel où les rigueurs de notre hiver sont inconnues, mais où parfois le soleil se montre un peu trop ardent.

Inutile d'ajouter que les excursions ne manquent pas dans les environs de Sydney; celles dans la rade sont particulièrement recommandables. On peut aussi visiter le Parc national australien créé il y a une vingtaine d'années au sud de Sydney, pousser une pointe dans l'intérieur du pays, jusqu'aux Montagnes bleues et visiter quelques curiosités naturelles d'un intérêt fort relatif à côté de celles que renferment notre belle France et les régions limitrophes.

Nous ne saurions quitter l'Australie sans faire allusion à cette côte Est le long de laquelle s'étend l'ancienne Queensland. Cette partie du territoire paraît appelée à un grand développement et elle compte déja d'importantes cités, telle Brisbane avec ses 200,000 âmes. C'est une véritable ville, avec ses édifices, ses squares, ses lieux de plaisir, comme à Melbourne et Sydney, reliée par terre et par mer à cette dernière, dont elle est distante de près d'un millier de kilomètres. A côté d'elle d'autres centres peuvent déjà prendre le titre de villes, la plupart sont échelonnées le long de ce littoral assez échancré qui va se poursuivant jusqu'au détroit de Torrès c'est-à-dire à une latitude quasi-tropicale.

En disant adieu ou tout au moins au revoir à cette jeune nation qui a de grandes aspirations et des ambitions, nous ne pouvions nous empêcher de songer à la vigueur de cette race anglo-saxonne dont les semences ont fructifié on peut dire aux quatre coins du monde !

Et maintenant en route pour la Nouvelle-Calédonie.

NOUVELLE-CALÉDONIE

La traversée, pour nous, s'effectua de façon assez médiocre, en ce sens que nous fûmes passablement secoués; il est vrai que cela se produit fréquemment; mais quand on se sent sous les pieds un bon bateau, comme ceux des Messageries-Maritimes, ou même le simple paquebot-annexe « *Le Pacifique*, » ces quelques moments désagréables ne laissent aucune fâcheuse impression, vu surtout l'amabilité du personnel du bord à commencer par les officiers....

Néanmoins nous ne fûmes pas fâchés d'apercevoir se silhouettant à l'horizon les montagnes calédoniennes; et, avant d'attérir à cette terre française de l'hémisphère sud, rappelons en deux mots ce qu'est la Nouvelle-Calédonie.

On connaît sa position géographique et on sait que, comme colonie française, elle comprend, en dehors de la grande île, quelques îles telles celle dite des Pins, les îles Loyalty à l'Est, et que l'important groupe des Nouvelles-Hébrides en dépend pour partie du moins se trouvant dans notre sphère d'influence à défaut de solution nous donnant toute satisfaction.

La Calédonie qui comme surface peut être comparée à la Corse et un peu comme aspect extérieur avec ses 2,000,000 d'hectares et son caractère montagneux est un pays intéressant à tous égards, on ne saurait trop le répéter. Bien qu'elle paraisse minuscule ce n'en est pas moins une île de 100 lieues de long sur 10 ou 12 de large, toute tourmentée capricieusement et découpée par des baies plus ou moins profondes. De plus elle est garnie extérieurement d'une ceinture de récifs, coraux madréporiques qui abritent ses rivages des fureurs de la mer, offrant une navigation calme et des lieux propices au mouillage, comme on va le voir dans notre visite de l'île. Extérieurement elle révèle son caractère éminemment pittoresque tel que l'a dépeint le célèbre capitaine Cook qui la découvrit en 1774 et lui donna ce nom qui lui est resté ; elle présente, en effet, un enchevêtrement orographique très compliqué et un relief très accentué donnant naissance à un grand nombre de petites vallées la plupart séparées, dans lesquelles coulent des torrents plutôt que des rivières. Au reste on ne saurait mieux faire que de laisser la parole au distingué ingénieur auquel on doit la meilleure étude géologique, M. Pelatan. « Du fond des vallées, a-t-il écrit, d'épaisses forêts montent à l'assaut de gorges sans pouvoir réussir à escalader les versants sur lesquels ne croissent guère que des arbustes rabougris, des herbes coriaces et des fougères. Parfois la raideur de ces versants est telle que les roches elles-mêmes s'écroulent en immenses éboulis pierreux à travers la maigre végétation. A mesure qu'on s'élève peu à peu toute trace de verdure disparaît. L'ossature rocheuse des crêtes est recouverte sur presque toute son étendue d'un épais manteau rouge d'argile ferrugineuse, crevé çà et là par des cônes rugueux de serpentine verdâtre. Ce manteau, de rouille par place, ailleurs de sang, raviné par les pluies et sur lequel rien ne pousse, donne au paysage un cachet de sauvage grandeur; ce ne sont partout qu'entassements énormes de blocs ferrugineux scoriacés et noircis, que prodigieux effondrements de l'argile, prolongés en longues balafres pourprées le long des pentes. Très loin, dans le bas, se déroulent les vallées toutes vertes ou serpentent d'imperceptibles cours d'eau. Tel est le pays de la serpentine, le pays du nickel. » Il convient d'ajouter à ce tableau où se dénotent le géologue et le prospecteur que la Calédonie offre de délicieuses vallées toutes luxuriantes de verdure, des ravins sombres et frais, et même parfois des plaines de riant aspect, mais rares il est vrai. Enfin, nous n'oublierons pas certains coins de paysage qui pouvaient peut-être soutenir la comparaison avec ce que nous avions vu de plus beau en ce genre. Le sol n'est pas d'une remarquable fertilité, si l'on veut, mais la surface cultivable est encore évaluée à près d'un quart de la superficie totale de l'île, et le reste n'est pas perdu puisque la Calédonie est une terre minière avant tout. C'est même là sa réelle richesse.

Depuis des années déjà la Calédonie s'est révélée comme réceptacle de précieux dépôts de minerais de toutes sortes, depuis le charbon découvert dès la prise de possession jusqu'aux métaux les plus précieux, en passant par le cuivre, le plomb, l'étain, le fer, le cobalt, le chrôme, le mercure et surtout le nickel qui à lui seul devrait faire la fortune du pays, car on sait la valeur exceptionnelle de ce rarissime métal qui joue déjà un si grand rôle dans notre industrie moderne. Plus de 300,000 hectares ont été fouillés et réclamés en concession; on peut dire qu'on a gratté un peu partout, voulant arracher à la terre ses secrets. Nombreuses, cela va sans dire, sont les mines exploitées, et leur surface représente des milliers d'hectares; mais elles sont loin souvent d'être prospères faute de capitaux et de bras, ainsi que je l'ai expliqué en diverses études spéciales parues dans des publications, comme *Le Tour du Monde*. En effet il est venu des mineurs un peu de partout, australiens, anglais, américains et français naturellement, des sociétés se sont constituées, trop souvent hélas avec des capitaux étrangers, aussi est-il très regrettable de voir les Français relativement si rares, et l'argent de la Métropole si peu audacieux. Il y a là des sources de profit négligées à une époque où le taux de l'intérêt est devenu si faible, et il n'y a pas de doute que la crise dont souffre présentement nombre d'exploitations ne soit que passagère car on finira bien par résoudre d'une façon ou d'une autre cette question si intéressante de la main d'œuvre. L'existence du mineur, soit dit en passant, n'a rien de comparable avec celle que mènent ici ceux qui vont fouiller les entrailles de la terre pour en extraire la houille, les exploitations sont à ciel ouvert en Calédonie, ce sont des carrières où l'ouvrier vit au grand air, jouissant d'une grande liberté, sous un ciel favorable et dans un climat dont on n'a plus à vanter la salubrité.

L'hiver, en effet, est des plus clément, et la chaleur de l'été est fort supportable au dire de tous ceux qui ont séjourné dans le pays. A une certaine saison les pluies sont abondantes et parfois de graves perturbations atmosphériques bouleversent ces régions, ce sont les terribles cyclones heureusement assez rares.

Nous avons vu que ce fut au capitaine Cook que revient l'honneur d'avoir reconnu la Nouvelle-Calédonie dans un des nombreux itinéraires qu'il a tracés à travers les immensités inconnues alors de l'Océan Pacifique, mais après lui des Français, dont les noms sont restés célèbres, devaient suivre ses traces ; les plus populaires sont l'infortuné La Peyrouse dont la triste fin au rocher de Vanikoro fut longtemps un énigme, d'Entrecasteaux, et dans le dernier siècle Dumont-d'Urville. Enfin les premiers Français qui devaient s'installer dans l'île étaient encore de hardis missionnaires qui tentèrent l'aventure vers l'année 1843. On sait comment ils surent acquérir la confiance des Indigènes et déjouer les combinaisons de l'Angleterre en facilitant au représentant de la France la prise de possession. C'était dix ans après leur installation. L'année suivante le commandant de Montravel choisissait la rade de Nouméa qu'il appelait Port de France pour y jeter les bases de notre installation, et en 1860 la situation définitive de la Nouvelle-Calédonie comme possession française était établie.

A la salubrité du climat et au charme relatif de la température, il convient d'ajouter que l'on peut établir en principe qu'aujourd'hui en Nouvelle-Calédonie on n'a rien à craindre des êtres vivants, hommes ou animaux. Les terribles Canaques ne sont plus redoutables, en effet, vivant paisiblement et misérablement; quant aux animaux ils sont peu nombreux, en dehors des animaux domestiques introduits, et appartiennent surtout à la gente volatile qui comprend une centaine de familles. On y trouve des cerfs dans certaines régions, importés par nous du reste, comme seuls animaux sauvages. La mer est riche en coquillages et poissons par contre. Les insectes se manifestent surtout sous forme d'araignées et de moustiques inhérents à tous pays chauds. La nature a doté le pays d'essences forestières variées et d'une quantité de plantes. Les arbres à fruit, cocotiers, bananiers, orangers, et autres, abondent. Toutes les cultures des pays chauds et même beaucoup des pays tempérés y réussissent, c'est ainsi qu'y poussent nos légumes et certains de nos fruits, comme la vigne, mais en prenant quelques précautions. C'est donc dire les ressources de toutes natures qu'offre la Nouvelle-Calédonie, dont le café, entre autres produits, est déjà bien connu et apprécié. Ceci m'amènerait à parler de la question si intéressante de la colonisation, mais j'aurais peur d'abuser du lecteur auquel je me permettrai de communiquer quelques réflexions très sommaires.

Par sa configuration même et par la nature de son sol on a pu voir qu'il n'y avait place en cette colonie qui a déjà tant fait parler d'elle que pour la petite colonisation, les espaces pour les grandes exploitations étant rares et restreintes. Depuis surtout quelques années on a fait un pas sérieux en avant grâce à des reprises aux Indigènes de terrains inutilisés et à leur distribution aux colons qui sont venus plus nombreux ; c'est ainsi que le chiffre de quelques centaines au plus s'en est élevé à deux mille. A défaut de culture on s'est livré, à l'origine de l'installation, à l'élevage et souvent avec profit s'il faut en juger par certaines fortunes faites, mais il s'est commis des abus, des vexations s'en suivirent à l'égard des Indigènes qui voyaient leurs territoires envahis et finalement quelques soulèvements éclatèrent comme dans la région voisine de Nouméa du côté de La Foa où des Européens furent impi-

toyablement massacrés. Il fallut sévir et bientôt
tout rentra dans l'ordre. A diverses reprises
quelques mécontentements se sont fait entendre,
comme tout récemment encore, mais les repré-
sailles ont été telles qu'il y a lieu de supposer
que toute velléité d'insurrection a disparu à tout

CHEZ LES INDIGÈNES

jamais. Au reste les Indigènes sont bien comme
consignés sur leurs propriétés et certaines tribus
ont été refoulées dans l'intérieur. Quant à l'élevage en question vu son développement rapide
et d'autres causes multiples il n'est plus ce qu'il
était et malgré toutes les mesures prises, comme
la création de l'usine de Gomen-Ouaco, où pendant

quelques années on traita la viande en conserves, il est loin d'être aussi rémunérateur que par le passé.

J'ai parlé des Indigènes qui constituent encore une des principales branches de la population actuelle de la Nouvelle-Calédonie, ce sont des Canaques, comme on le sait. Sans entrer dans des détails sur leur origine et leur provenance rappelons-nous qu'ils sont de race malayo–polynésienne, qu'ils viennent aussi de l'Asie méridionale comme les Maoris. Comme signes extérieurs, ils sont brun-chocolat de peau, ont les pommettes saillantes et les cheveux crépus et je pourrais ajouter les dents plutôt pointues, ce qui expliquerait leur tendance au cannibalisme, car ils ont jadis assez prouvé ce goût pour la chair humaine et il est à présumer qu'il ne l'ont pas encore complètement perdu s'il faut en croire certaines disparitions inexpliquées d'échappés du bagne entre autres. Plus d'un, prétend-on, aurait cherché refuge dans les tribus et n'aurait jamais reparu.... En tous cas ces Canaques sont des êtres inférieurs en général aux mœurs rudimentaires, les actes principaux de la vie ne se traduisant chez eux par aucune imposante manifestation. Ils sont païens ou l'étaient du moins car nos missionnaires en ont déjà converti un grand nombre aux saines doctrines ; superstitieux comme presque tous les peuples primitifs ils croient aux esprits et aux génies bienfaisants et malfaisants et la religion n'a encore pû faire disparaître certaines croyances et abandonner toutes les anciennes coutumes. Ils ont naturellement un dialecte propre mais bon nombre comprennent le français ou tout au moins cette langue usitée en Extrême-Orient et dite le « Bichelamar » composée surtout d'éléments anglais et français. Nous ne pouvons en ce communiqué si restreint d'impressions passagères et de souvenirs de voyage nous étendre en une étude même sommaire sur cette race peu digne d'intérêt au résumé, car le Canaque est paresseux et c'est à peine s'il cultive aux alentours de sa case quelque petit champ de taro (sorte de légume comestible ressemblant vaguement à une rave). Sa case elle-même est du reste toute primitive ; elle affecte la forme d'une ruche plus ou moins pointue avec une seule ouverture à la base dans la partie droite qui semble le socle sur lequel est posée la toiture faite de branches et de feuilles de cocotiers généralement accrochées à un poteau central, clef de la construction, qui sort à l'extérieur et est parfois sculpté ou orné de coquillages. Les cases sont d'ordinaire groupées

sous des bosquets de cocotiers et de bananiers
qui forment la principale ressource alimentaire
de ces primitifs, lesquels se servent encore de
frondes, d'arc et de flèches parfois, et surtout de
la sagaie qu'ils manient avec adresse, comme à
la pêche à laquelle se livrent les gens du littoral.
Ces derniers ne négligent pas non plus les crus-
tacés et les coquillages et ils se servent surtout de
modestes embarcations, simples pirogues la plupart du temps. Jadis les tribus étaient souvent
en lutte pour des contestations de territoire,
mais aujourd'hui la paix semble régner. L'œuvre
civilisatrice s'étend de jour en jour du reste et ils
entrent en contact avec les colons qui ne peuvent malheureusement les sortir de leur apathie
et trouver en eux des auxiliaires indispensables
pour l'exploitation et la mise en valeur du sol.
Certains de nos produits tentent ces malheureux
qui puisent dans l'alcool de nouvelles causes de
dégénérescence. Personne n'ignore en effet que
ce peuple a des tendances à disparaître et que
d'année en année il dépérit. S'il était évalué
jadis à quarante ou cinquante milliers d'individus le dernier recensement n'en donne que la
moitié dissiminés en une cinquantaine de tribus à
travers l'île. On a cherché à expliquer les causes
de cette diminution, mais elles sont multiples...

maladies invétérées, lèpre et autres, mœurs dissolues, manœuvres clandestines, et phtisie que
nous leur aurions apportées, sont plus de maux
auxquels il convient d'ajouter l'alcool qu'il n'en
fallait pour ruiner une race sur le concours de
laquelle il semble difficile de pouvoir compter
efficacement. Ils se livrent encore, pour certains
du moins, au tatouage, usage qui n'est pas
exclusif aux nations sauvages puisqu'il est
encore en faveur chez nos marins et nos soldats
et surtout au bagne. Si en langue canaque
l'homme s'appelle taio, la femme est désignée
sous le nom de popinée. Les ustensiles, instruments et armes canaques sont également simples
et primitifs et la pierre taillée y jouait un grand
rôle, mais ils sont remplacés par des produits
manufacturés modernes, et deviennent de plus
en plus difficiles à trouver, les indigènes s'aper-
cevant de la valeur qu'ont prise ces objets et ne
s'en défaisant plus que devant des offres géné-
reuses.

Si le Canaque est le principal élément de la
population de la Calédonie, il en est un, de sang
blanc, qui vient tout de suite après numérique-
ment, c'est l'élément pénitencier, ce que l'on
pourrait appeler les produits et sous-produits du
bagne.

Que d'encre on a déjà répandue à ce sujet, que de dissertations à n'en plus finir n'a-t-on pas faites, que d'opinions ont été émises toutes soit disant plus vraies, plus concluantes les unes que les autres ; je n'entrerai pas dans l'appréciation de tous ces conflits, je rappellerai seulement les sages idées qui ont guidé les auteurs de la transportation. Ils ont voulu que le misérable qui avait fauté contre la Société après avoir été rejeté de son sein par mesure de juste prudence pût, une fois sa dette payée, se régénérer par le travail pour gagner sa réhabilitation. Par la transportation on l'éloignait pour un délai plus ou moins long, on le mettait à l'épreuve pour voir s'il voulait effacer son passé, on le faisait travailler manuellement pour qu'il payât en quelque sorte son entretien, après quoi on adoucissait sa peine et finalement on cherchait à le faire fixer dans le pays par une concession, et à l'établir en lui donnant la possibilité de créer une famille. Et n'était-ce pas ainsi que les Anglais avaient peuplé l'Australie avec leurs convicts.... Mais nos expériences ne devaient pas être si concluantes hélas, et le résultat atteint est bien faible. On voit donc quel était l'esprit qui avait dicté le décret du 3 septembre 1863 sous Napoléon III. Voyons maintenant comment il a été

appliqué et interprêté? Ce fut le 8 mai 1864
que partit de France le premier convoi de condamnés « aux Travaux forcés » comme le dit la
loi de 1854 règlementant la déportation. Il com-
portait 250 individus. Ce chiffre naturellement
devait rapidement s'accroître à la suite d'envois
successifs, et c'est ainsi que l'on compta bientôt
par milliers cet élément, plutôt impur, de colonisation. Il porta fatalement un préjudice moral
à la colonisation libre cela va sans dire, mais
depuis des années déjà des mesures ont été
prises, comme on le sait, et c'est maintenant vers
la Guyane que l'on dirige les déportés, aussi ne
trouve-t-on plus en Calédonie que d'anciens éléments de bagne surtout, sous forme de relégués,
catégorie particulière de récidivistes, et de libérés. Un coup d'œil sur le dernier recensement de
la Calédonie donnera une idée plus vraie de la
situation, il date du 31 décembre dernier (1901)
et nous révèle que dans l'ensemble de l'île la
population se décomposait ainsi : Population
blanche libre, 12,253; libérés, 5,323 ; condamnés
en cours de peine, 2,689 ; relégués, 2,494; émigrants surveillés, 3,148 ; et tribus canaques, 27,668;
soit au total : 53,675, chiffre relativement faible
pour un territoire comme celui de la Nouvelle-
Calédonie. Les troupes et les fonctionnaires en-

trent pour plus de moitié dans le chiffre de l'élément blanc libre et les colons agricoles atteignent à peine 2,000. Cependant il faut remarquer que la population libre est passée en dix ans de 8 à 12,000. Pour Nouméa seule, la population se décompose ainsi : élément libre, 5,114 au lieu de 4,500 ; élément pénal, 1,362, émigrants et indigènes divers, 1,239 ; et Canaques, 139 ; au résumé 7,854 habitants. La statistique nous donne aussi 12,000 habitants pour les îles Loyalty, et on va à évaluer jusqu'à 80,000 les Indigènes des Nouvelles-Hébrides !

Le centre de la transportation a été et est encore l'île Nou, où se trouvent groupés les condamnés par catégories. C'est là que sont les camps, la prison pour les coupables, l'hôpital, la ferme, car on fait de la culture, maraîchère surtout, la léproserie, et les carrières où les mauvaises têtes vont gagner leur pain. Je n'aborderai pas les polémiques car cela m'entraînerait trop loin. Toujours est-il que l'on a souvent exagéré la rigueur des mesures disciplinaires et médit du régime.... Mais tout l'élément des condamnés ne se trouve pas réuni à l'île Nou, il est d'autres camps, comme celui de Montravel à la porte de la ville, celui de Bourail pour citer les principaux. Enfin l'Administration pénitentiaire est installée à la presqu'île Ducos, où se trouvent vieillards et infirmes. Mais elle possède en plus d'immenses surfaces territoriales qui se chiffraient jadis par près de 100,000 hectares, répartis entre les terrains de la Baie de Prony où on pratiquait, peut-être avec manque de mesure l'exploitation forestière, ceux de la Foa où sont groupés plus de 350 concessionnaires et surtout de Bourail où on en trouve plus de 500 établis dans de belles vallées comme on va le voir, sans compter les centres de Pouembout, du Diahot, d'Oégoa, et autres. C'est dire la surface importante que cette Administration a déjà mise en valeur. Malheureusement, souvent en désaccord avec le Gouvernement local, elle n'a pas rendu ce qu'on était en droit d'attendre d'elle vu les grosses dépenses qu'elle a occasionnées, quand on songe que ses travaux n'ont été effectifs réellement que pendant les premières années, qu'elle a absorbé des millions sans grandes compensations.

En trente ans, en effet, comme travaux publics profitant à la colonie, c'est tout au plus si la main d'œuvre pénitentiaire a produit cent kilomètres de bonne route et quelques centaines de chemin muletier et à des prix onéreux. Ses résultats en matière de concession agricole ont heureusement donné de meilleurs résultats.

Mais après toutes ces considérations d'ordre varié reprenons notre carnet de route....

Dès que la terre nous a apparu dans la brume lointaine nous ne quittâmes plus la lorgnette, avides des premières sensations que devait nous faire éprouver la colonie en vue. Bientôt le navire stoppait pour permettre au pilote d'accoster et nous franchissions la passe entre les brisants, laissant à droite la haute tour blanche du phare émergeant de son socle de verdure. Une modeste lanterne qui s'allumait sur notre gauche faisait piteuse mine à côté de cette hardie construction moderne. Une heure s'était à peine écoulée que nous pénétrions dans la rade de Nouméa, beau port naturel pouvant abriter une escadre, et précédé au nord d'une baie fermée par la presqu'île Ducos et l'île Nou. Sur le côté une sorte de retraite forme la baie de la Moselle que domine un promontoire portant l'artillerie. En mer, c'est encore l'île Brun avec le dépôt des relégués. Dans le port quelques vielles coques de navires semblent placées là pour agrémenter le paysage, mais à côté d'autres bateaux, paquebots, navires de commerce, voiliers ou même navires de guerre, font meilleure figure. Quelques-uns garnissent souvent les quelques centaines de mètres que mesurent les quais de Nouméa. La ville se montre alors dans l'encadrement des collines auxquelles elle est adossée. Elle présente d'abord une partie plane, trop plane peut-être, avec ses rues droites, dont peu malheureusement sont plantées d'arbres, « flamboyants » aux rouges fleurs pour la plupart. Au centre est un espace réservé formé de plusieurs carrés dont les deux extrêmités sont l'un un square et l'autre la fameuse place des cocotiers avec son kiosque où jouaient jadis les musiciens du bagne remplacés aujourd'hui par des volontaires civils ou militaires. Au milieu, se dresse la fontaine de la Dumbéa, la rivière qui fournit abondamment l'eau à la ville. La plupart des maisons sont généralement en bois et ne comportent qu'un ou deux étages et sont couvertes de cette affreuse mais très pratique tôle galvanisée et ondulée, il en est de même des édifices, si l'on peut leur donner ce nom, tels que le palais du Gouverneur, et l'Hôtel-de-Ville. Par contre l'hôpital, les casernes et certains bâtiments administratifs sont en maçonnerie, ainsi que la cathédrale avec ses deux tours dominant l'ensemble de la ville mais dominée elle-même par la Loge Maçonnique. L'hôtel des Postes n'est qu'une mâsure avec une véranda qui semble toute prête pour recevoir des batteleurs forains. On attend impatiemment

l'installation de la Bibliothèque et du Musée...
De droite et de gauche, ce sont des magasins
français et trop souvent étrangers, aussi parle-
t-on couramment anglais, à tel point que cela
devient froissant pour les âmes bien françaises.
Il n'est pas besoin de dire que nombre de commerçants ne sont que d'anciens forçats libérés.
Et tout cela au résumé est peu réconfortant,
quand on songe à l'avenir de ce pays qui a tout
pour être une belle colonie. De plus ou moins
minables voitures attelées de haridelles et con-
duites par des libérés avec lesquels il faut discuter son prix sont les seuls véhicules à la disposition des rares clients. Que nous sommes loin
de ces jeunes cités néo-zélandaises ou australiennes.... Nouméa est bien éclairée au gaz, mais
d'une façon parcimonieuse. Enfin on y trouve
difficilement à se loger temporairement et les
hôtels ne sont guère engageants. Les loyers
particuliers sont également cher comme la
vie elle-même; les approvisionnements, sont
en effet plutôt difficiles et coûteux et il n'est
pas jusqu'à la domesticité qui ne soit difficile
à recruter.

Je pourrais ajouter que le port était mal
outillé ou tout au moins ne l'était pas encore,
car on songe à l'améliorer et à créer même un

warf et des cales de halage et bassins de radoub,
ces derniers, à proximité à la pointe Chaleix.

— VUE GÉNÉRALE DE NOUMÉA —

Maintenant que nous avons fait connaissance
de la ville, il ne sera pas déplaisant de jeter un
coup d'œil sur ses environs qui offrent quelques

jolies promenades ; c'est d'abord celle, classique, de l'Anse Vata, baie garnie d'une ceinture d'arbres derrière lesquels s'abritent de modestes chalets, comme celui du gouverneur. Au-dessus se dresse la colline fortifiée de l'Ouen Toro du sommet de laquelle on jouit d'une vaste vue panoramique. Une route circulaire passe par le champ de courses placé sur le bord de la mer et rejoint à la hauteur du cimetière la grande route qui partant de Nouméa dans la direction ouest mène à la Foa. C'est cette route, la seule de l'île, que doit suivre le nouveau tracé du chemin de fer en construction ; à l'endroit dit du pont des Français (à quelques kilomètres de son point de départ, la Vallée du Tir, un faubourg de Nouméa), elle se biffurque pour conduire à la ferme école de Yahoué d'une part et de l'autre à la Mission de Saint-Louis en passant par le Couvent-institution de la Conception.

Après avoir pris ainsi contact avec la Colonie, après nous être entourés de renseignements et avoir assez vécu de cette existence citadine qui nous a permis de voir que la cité nouméenne n'avait rien à envier à bien de nos petites villes de province française sous plus d'un rapport, nous voulûmes « courir la brousse » visiter les mineurs et les colons suivant les circonstances, nous faire une idée de l'île enfin. Deux moyens s'offraient à nous, l'un simple, mais insuffisant, consistant à faire le tour de l'île en bateau grâce au service maritime établi, l'autre plus compliqué, mais plus instructif encore, celui de se lancer à l'intérieur du pays par les chemins bien primitifs parfois ; aussi nous arrêtâmes-nous à une combinaison mixte, c'est-à-dire que nous voulûmes mettre à profit les moyens les plus pratiques pour voir une bonne partie du centre de l'île et visiter le littoral. A cet effet, nous décidâmes d'abord de suivre la fameuse route unique de l'île, dont je dirai deux mots, pour franchir ensuite l'île dans sa largeur. Je résumerai ainsi ce parcours :

Au départ de Nouméa, la route se dirige donc vers l'ouest gagnant la vallée de la Dumbéa, rivière que l'on franchit sur un pont en pierre de plusieurs arches au delà du village de Païta situé à trente kilomètres de la ville. Chemin faisant on a laissé quelques habitations groupées ou isolées. Les bois de niaouli, cet arbre propre au pays, se sont succédés dans une gamme plutôt triste et l'on a atteint Saint-Vincent dans un paysage dominé par un sommet de douze cents mètres. Puis c'est la halte de Tomo non loin de la mer que l'on découvre avec les rochers et îlots qui la garnissent en cet endroit. Boulouparis, un coin infesté de moustiques, est la halte suivante, et bientôt on atteint, au delà de la rivière, le village de La Foa qui avec ses deux à trois mille âmes passe pour le second centre de l'île. On est à près de cent-vingt kilomètres de la capitale. La route se poursuit encore jusqu'à Moindou pendant dix-huit autres kilomètres et il est question de la prolonger jusqu'à Bourail, c'est-à-dire sur une longueur d'environ encore trente-six kilomètres. Et c'est là à peu près tout ce que l'Administration a pu faire de véritable route depuis bientôt un demi-siècle avec la main-d'œuvre des condamnés qui ne devait pas manquer et pour l'entretien de laquelle la Métropole avait fait de si grosses dépenses.

Pendant notre court séjour à La Foa nous voulûmes mettre à profit quelques bonnes volontés tant pour jeter un coup d'œil sur le Pénitencier que pour nous rendre compte de l'œuvre de la colonisation que nous approchions pour la première fois. Nous nous trouvions en effet en terrain tout à fait propice et les exemples probants de réhabilitation par le travail et de succès agricoles n'allaient pas nous manquer. On pourrait en citer plus d'un soit que le colon ait sû mettre à profit telle ou telle culture, soit qu'il se soit adonné à l'élevage. Ceci s'applique surtout aux petits colons travaillant par eux-mêmes et qui peuvent relativement se passer d'auxiliaire, la main-d'œuvre faisant toujours défaut ou étant du moins très difficile à recruter. La Foa est donc un grand centre de colonisation et déjà les concessions s'étendent non seulement dans la basse vallée, mais même dans certaines voisines comme celle de la Fonwari et de la Sarraméa desservies par une route qui doit traverser l'île en franchissant le col d'Amieu, à près de huit cents mètres d'altitude. Une autre route, simplement muletière, comme la plupart de celles sillonnant la Nouvelle-Calédonie, quand elles ne sont pas que de vulgaires sentiers, parfois presque invisibles, s'offrait à nous pour gagner l'autre versant de l'île, celle qui devait nous conduire en une dizaine de lieues à Canala en passant par Coindé. Il nous souvient encore de cette belle journée de chevauchée à travers monts et vaux....

C'était un beau matin, comme dans les romans ; nous nous mîmes en selle de bonne heure ne voulant pas pousser nos bêtes véritables rossinantes de louage et désirant goûter le charme de cette belle excursion que favorisa, du reste, un temps idéalement beau. Tout d'abord ce fut au milieu de concessions plantées de cultures variées sous le couvert d'arbres aux éternelles frondaisons que nous cheminâmes lentement, nous arrêtant parfois pour interroger quelque brave paysan calédonien. Puis longeant d'interminables clôtures derrière lesquelles des animaux au pacage révélaient leur présence par le tintement de leurs clochettes, nous remontions la vallée au fond de laquelle coule dans un lit de cailloux le torrent décoré de nom de rivière. Montées et descentes se succédaient à l'intersection de chacun des petits vallons latéraux, mais nous nous élevions toujours progressivement. Chemin faisant, nous admirions les papillons aux délicates couleurs qui folâtraient autour de nous et nous écoutions, charmés, le gazouillement d'oiseaux bien peu farouches. Tout à l'entour c'était une superposition de pentes montagneuses où la verdure des bois semblait de moëlleux tapis aux teintes éteintes qui auraient glissé dans les replis des vallées. Et, en effet, on comprend sans peine que c'est à l'ombre et à la fraîcheur humide des fonds où coulent les « creek » ruisseaux plus ou moins torrentueux, qu'est due cette exubérance de verdure qui rappelle la végétation exotique, avec des taillis impénétrables desquels émergent comme de gigantesques fûts de colonne, les arbres d'essences variées souvent garnis de plantes parasites, lianes souples et enlaçantes, toutes décorées d'orchidées, ces fleurs si rares et précieuses chez nous. Il y avait là de délicieux coins de paysage qui évoquaient chez nous des souvenirs de voyages précédents dans les régions réputées les plus belles du Globe. Nous retrouvions toute une série de plantes connues simples tiges ou taillis à l'abondante ramure, des caoutchoucs, des fougères et de la variété dite arborescente, véritables arbres avec leur tête aux palmes fines et souples. Mais plus loin encore la route devait nous procurer d'étonnantes surprises tant la végétation apparaissait puissante. Dans la superposition des plans, au travers des clairières, dans l'interstice des arbres, apparaissait parfois le torrent formant comme de petites cascades murmurant à l'ombre des massifs de bambous. Vers le milieu du jour, à l'heure où le soleil nous inondait copieusement de la chaleur de ses rayons nous atteignions une pauvre paillote, auberge au besoin, où vivait retiré, mais non seul, un ancien forçat, un « pays », un Parisien comme moi, ce coin perdu était: Coindé. Le temps de laisser souffler nos chevaux et de nous sustenter et nous repartîmes. La montée s'accentue alors car il faut franchir la ligne de partage des eaux, en cet endroit, et c'est ainsi qu'on gravit en lacets quelques centaines de mètres sous le couvert épais de la forêt, magnifique par endroits. A plus de six kilomètres on atteint le sommet du col où la vue s'étend superbe sur les deux versants de l'île, au delà d'une série de pentes se chevauchant et que couronne l'horizon lointain de la mer. Laisser souffler nos chevaux nous permit de nous absorber quelques instants dans cet inoubliable spectacle dont j'ai eu la bonne fortune de pouvoir rapporter un souvenir tangible grâce à mon appareil de photographie.

Alors commence une descente de trois lieues toujours à travers la forêt et l'on atteint le nouveau centre de colonisation agricole qui est Ciu, distant encore de plusieurs kilomètres de la fin de notre étape. Il nous souvient encore de la vue qui s'étendait à nos pieds, c'était un dévallement de collines limité au bas par la jolie baie de Canala, dominée par le pic pointu « des Morts » tandis que sur la droite s'étendait au loin la plaine de Nakéty avec sa baie bleutée. Dans la plaine des rizières et des plantations apparaissaient entre les bouquets d'arbres... Mais le soir était venu et ce fut à la nuit close que nous venions demander un asile à la modeste demeure d'un libéré réhabilité qui voulut bien nous héberger. Il en est ainsi du reste en Calédonie où l'on trouve une hospitalité aimable, mais qu'il faut

généralement rétribuer, nombre de petits colons
se faisant hôteliers au besoin. Nous étions donc à
Canala, un des principaux centres de l'île bien
qu'il ne consiste qu'en quelques demeures de
commerçants, deux sortes d'auberges, une école
et le logement de l'administrateur élevé sur un
tertre portant le poste militaire avec son block-
haus, le tout accompagné d'une église. Ce village

En montagne

communique à la mer par une sorte de canal
pratiqué dans les palétuviers, mais pour nous
son intérêt consistait surtout dans la proximité
de villages canaques tels que je les ai dépeints plus
haut. Nous avons pu ainsi entrer en contact avec
ces grands enfants d'Indigènes dont certains nous
ont paru encore bien farouches, néanmoins ils se
laissaient approcher et même photographier au
besoin. Inutile d'ajouter qu'au point de vue tou-

risme l'occasion était précieuse pour nous. Quelques jours plus tard, dans les environs de Houaïlou, nous devions faire d'autres visites à des villages canaques des plus curieux que l'on puisse imaginer et ailleurs encore, du reste, dans nos pérégrinations calédoniennes. Les scènes ne manquaient naturellement pas, mais la difficulté était de ne pas effaroucher ces demi-sauvages, encore sommairement vêtus...

A Canala nous avions rejoint la soi-disant route du tour de l'île, en réalité pour la presque totalité du parcours simple chemin muletier, voir même vulgaire sentier, parfois très escarpé et même dangereux sur certains points, franchissant, sans pont cela va sans dire, torrents et rivières, quelquefois larges et difficilement guéables à proximité de leur embouchure. Cela explique pourquoi les communications sont surtout assurées par le service côtier qui nous permit de faire connaissance avec les rivages calédoniens. Sans vouloir entraîner le lecteur dans notre excursion à travers le pays, ni le promener tout le long de ces côtes fort intéressantes, je vais chercher à lui donner une sensation de la chose vue en lui esquissant à grands traits ce joli voyage de circumnavigation et en nous arrêtant à une grande exploitation minière, comme celle de Thio, appartenant à la Société « Le Nickel ».

Nous partirons de Nouméa pour contourner l'île par le sud, remonter la côte est et revenir ensuite par la côte ouest après avoir doublé la pointe nord.

Dès qu'à la sortie du port on a dépassé la baie de l'Orphelinat, des îlots verdoyants apparaissent : en passant nous saluons l'Anse Vata et on navigue bientôt en vue de diverses îles ou souvent rochers, comme le « Porc Epic ». La terre se profile toujours haute et ses plans de montagnes dénudées sont dominées par le Koghi avec ses 1,100 mètres. On range le mont Dore avec ses chaudes couleurs de minerai et la côte défile avec ses découpures, comme les baies des Pirogues et de N'Go où se trouvent des exploitations de fer chromé et de cobalt. Le cerf abonde, nous disait-on, en ces parages. Le bateau se rapproche de terre pour se glisser dans le canal Wodin à l'abri de l'île Ouen, riche également en minerais, et peu après apparaît la magistrale baie de Prony, bien abritée et accessible aux gros navires où pendant des années l'Administration pénitentiaire a exploité les belles forêts qui couvrent ce coin de sol calédonien. Le cap N'doua se dresse ensuite portant l'ancien poste optique qui permettait de communiquer avec l'île des Pins située en face à quelques lieues. Un retrait du littoral dit Port boisé dépassé (jadis exploité également par la Pénitentiaire) on s'engage dans le canal de la Havannah entre les récifs, et il faut ouvrir l'œil. C'est ainsi qu'on passe sur l'autre côte de la Nouvelle-Calédonie, la plus intéressante sans conteste. Nous avons laissé la rivière Yaté le déversoir des lacs que l'on rencontre sur les plateaux déserts et peu fréquentés de la région sud-calédonienne et c'est maintenant une longue côte qui se profile au loin dans la direction du nord-ouest. Elle est toujours haute et accidentée, mais encore d'aspect plutôt triste. Quelques plissements du littoral forment des baies comme celles d'Ouinné et de Kouakoué. Plus abrité est le port Bouquet, non loin duquel est la rade, foraine, mais à l'abri d'une double ligne de récifs, de Thio, cet endroit bien connu, important centre d'exploitation de nickel, où nous devions être si bien reçus par l'Administration de la Société du Nickel. Je ne peux mieux choisir comme exemple au point de vue minier, aussi je ferai encore appel à mes souvenirs pour dépeindre la physionomie de ce coin exceptionnel de la Calédonie.

Tout d'abord, comme site, Thio est placé à proximité de la mer à laquelle l'unit un tronçon ferré qui va s'enfonçant dans l'étroite vallée de la

rivière sur la gauche de laquelle s'élèvent les
maisons constituant le village. Ce sont des habitations de fournisseurs, d'aubergistes, des magasins, les Etablissements de la Société surtout qui
comprennent même des chalets pour loger les
visiteurs au besoin. Mais c'est sur le principal
lieu d'extraction dit : le plateau que le spectacle
est véritablement curieux. On y grimpe par un
sentier de chèvre et du sommet, à plus de 400 m.,
la vue en arrière s'étend sur la vallée dans .
laquelle le regard plonge littéralement embras-
sant la région montagneuse voisine où apparaissent plusieurs autres chantiers miniers et se
perdant par dessus le capricieux estuaire et le
delta de la rivière dans la mer que rayent à
l'horizon les flots blancs d'écume à la hauteur de
la ligne des récifs soulignés par quelques coques
abandonnées de navires. C'est dire que la navigation est dangereuse sur ces côtes et que l'ac-
costage est parfois loin d'être facile. Si le matériel industriel, les approvisionnements de toute
nature sont amenés là-haut au moyen d'un plan
incliné qui en échange sert à descendre le minerai, ils sont ensuite distribués, suivant besoin, sur
la surface du plateau où est recueilli aux divers
chantiers le nickel grâce à un petit réseau ferré
long de plusieurs kilomètres. La visite de ce

vaste centre d'exploitation frappe par l'étrangeté du spectacle, la montagne est comme toute bouleversée, convulsionnée, déformée par les déplacements énormes de terres, il semble qu'un cataclysme volcanique l'a révolutionnée; c'est, qu'en effet, il a fallu sonder le sol, le gratter plus ou moins profondément, puis ensuite déplacer des milliers de mètres cubes pour en extraire les parties intéressantes, les sélectionner.... Ce sont des carrières au résumé mais d'un aspect étrange, aux colorations les plus originales, le nickel lui-même affecte surtout des tonalités verdâtres, mais parfois brun chocolat clair, il y a là des coins bien faits pour tenter le pinceau par la variété et la richesse des tons. Le minerai est concassé, puis trié avec soin et mis en sac pour y être pesé puis embarqué, car il est expédié en Europe, en Angleterre, en Allemagne ou en France, pour être traité métallurgiquement, en attendant qu'on ait pu le travailler sur place, comme on cherche à le faire et éviter des transports onéreux de matières étrangères au nickel et qu'il est difficile d'en séparer par un triage rudimentaire. J'ajouterai en passant que les sacs, en jute, sont du poids de 30 kilogrammes, c'est-à-dire facilement manœuvrables. On voit par là qu'il y a encore à faire et il n'est pas besoin de

dire que la création d'usines apportera un motif
de plus à la prospérité de notre colonie. Des
travailleurs d'origines les plus variées sont employés sur les chantiers; jadis l'élément le plus
important était celui prêté par l'Administration
pénitentiaire qui avait mis jusqu'à 1,200 hommes
à la disposition de la Société, laquelle avait dû
créer un véritable camp avec citernes bien aménagées et tout ce que comporte une telle installation. A défaut de cette main-d'œuvre qui lui a
été retirée, comme elle l'a été dans les diverses
mines, il a fallu avoir recours à des ouvriers
libres et difficile a été le recrutement; mais il
serait trop long d'entrer dans des détails à ce
sujet; toujours est-il que les tentatives ont été
plus ou moins heureuses, telle celle funeste d'un
convoi de Japonais qui se sont vite mis en grève.
L'élément indigène a été mis à contribution et
c'est ainsi que j'ai relevé qu'il fallait évaluer à
environ 3,000 les Annamites, Néo-Hébridais et
gens des Loyalty surtout, disséminés dans l'île,
y compris quelques centaines de Canaques. Parmi
les blancs ce sont les libérés ou les échappés du
bagne qui constituent le noyau des ouvriers. A
eux sont venus se joindre quelques volontaires
et entre autres des Dalmates dont il faut croire
que la Patrie est bien ingrate.... Au résumé on

ne peut que répéter que la Calédonie manque de bras et que toutes les combinaisons n'ont jusqu'ici donné aucun résultat réellement satisfaisant; espérons que des recrues hindous et annamites apporteront leur contingent. On pourrait peut-être chercher dans les archipels malaisiens ou même en Chine....

Mais reprenons notre tournée, pour un instant, à Thio.

La première baie que nous rencontrerons après est celle de Nakéty, du nom du village situé à proximité dans une plaine superbe et où un court séjour nous a laissé un aimable souvenir. Une belle route ombragée par endroits sous d'épaisses touffes de bambous conduit à Canala, à quelques lieues de là seulement, c'est-à-dire au bord de cette belle et profonde baie dont j'ai déjà parlé. La côte s'échancre encore à la suite en les baies Laugier, Couaoua et Coua. Si la vallée de la Négropo, à Canala, offre de beaux terrains de culture où sont exploitées de vastes caféières, à Couaoua on trouve une plaine où la Société du Nickel a créé un grand domaine agricole de plusieurs centaines d'hectares; elle a fait là une tentative intéressante de lotissement et d'installation de petits colons qui malheureusement ne paraît pas avoir bien réussie. Il y a

aussi dans les environs des exploitations minières. La ligne de récifs qui longe et abrite la
côte offre également une série de passes dont les
noms correspondent aux baies ou aux pays situés
vis-à-vis. Une petite dépression du littoral c'est

Baie de Poro

encore la baie de Poro où sont installées des
exploitations minières de moindre importance.
Ce nom éveille aussi chez nous le doux souvenir
d'une bien cordiale réception, comme à Houaïlou, du reste le village voisin agréablement situé
près de l'estuaire d'une rivière, et dominé par un

7*

modeste fortin d'où la vue s'étend sur un verdoyant paysage. Chaque station nous rappelle
une ou plusieurs anecdotes, qui toutes, au résumé, ont contribué à nous intéresser à cette
lointaine colonie; mais l'espace m'est limité et
je ne voudrais pas raconter au lecteur des histo-
riettes qui après tout lui paraîtraient peut-être
banales. A l'horizon se dresse le cap Bocage
auprès duquel nous avions une aventure de faux
naufrage qui s'est résumé en un bain forcé.... Le
profil de la côte s'infléchit encore et le bateau
stoppe devant l'embouchure d'une gracieuse
rivière sur laquelle est Ponérihouen, petit centre
agricole. Dans cette région il y a quelques cours
d'eau, vraies rivières, comme la Tchamba et la
Tivaka dont le volume prend une certaine importance à la saison pluvieuse. En retrait est Amoa
dans le fond de la baie où se montre l'église de
Wagap. Il est là un ancien établissement de Trap-
pistes que les Maristes ont transformé en asile
pour les membres du clergé qui ont passé par le
bagne. On a à peine doublé un cap avancé que
se montre le petit poste militaire de Touho sur
son tertre. Ce coin perdu a fait parler de lui à la
suite des événements qui se sont déroulés l'an
dernier dans cette partie de l'île, mais, comme
l'on sait, la tentative d'insurrection n'a pas eu

de suites et l'affaire s'est heureusement arran-
gée. On a même exhibé les chefs rebelles à Nouméa, jusque dans la résidence gouvernemen-
tale.... Je pourrais ajouter à mes souvenirs de
voyageur qu'il nous a été donné de faire d'ai-
mables rencontres tant en la personne des fonctionnaires ou militaires qu'en celles de colons
ou de missionnaires qui tous se sont laissés
mettre obligeamment à contribution. Mais... le
navire a stoppé dans un site aussi original que
délicieux, le plus joli coin peut-être de la Calédonie, la baie de Hienghène, fermée par des
rochers aux formes bizarres; l'un d'eux a été
surnommé le rocher Notre-Dame à cause de sa
vague ressemblance avec l'admirable cathédrale.
Il est tout près de là des exploitations agricoles
et de vastes plantations de cafés sur lesquelles
nous avons pu encore jeter un coup d'œil. Le
paysage prend un caractère vraiment grandiose
et au-dessus de cette bordure sans fin de cocotiers qui garnit le rivage s'élèvent des escarpe-
ments de plusieurs centaines de mètres de hauteur et enfin le haut sommet de l'île lui-même
avec ses 1,650 mètres, le mont Panié, qui se dispute le premier rang avec le mont Humboldt,
situé vers le Sud. De belles cascades dégrin-
golent des hauteurs crevant le sombre manteau

dont la forêt revêt la montagne. Pour mémoire je citerai encore les escales d'Oubatche, de Pouébo, de Ballade, un coin historique de la côte nouméenne, et où se fonda la première mission. Les montagnes reprennent un aspect d'aridité et l'on double la pointe pour mouiller dans la rivière du Diahot, navigable sur plusieurs lieues, centre minier jadis assez prospère, où l'on exploitait le cuivre et jusqu'à l'or. Pam, célèbre par ses moustiques, est le nom de ce poste. En mer se profile l'île Balabio, affectée à l'élevage.

Nous allons maintenant redescendre, rangeant les îles Paaba, également louées pour l'élevage du bétail, pour, défilant devant des baies comme Banaré et Néhoué, accoster à Koumac, non loin d'une montagne haute encore de plus d'un millier de mètres; mais à partir de là, le navire devra prendre le large, les récifs se soudant souvent à la côte et ne ménageant plus de chenal, et le voyage perdra de son charme, la physionomie de la Calédonie est plus triste il convient d'ajouter et est moins séduisante. De distance en distance le bateau approche la terre, mouillant sur des rades d'une tenue souvent dangereuse ou tout au moins désagréable. Et c'est ainsi que successivement on rencontre deux centres dont on réunit souvent les noms : Gomen-Ouaco, où a été créée une usine de conserves à laquelle j'ai déjà fait allusion, et sur les territoires desquels existe la plus vaste propriété de Calédonie, ne comportant pas moins de 25,000 hectares, domaine qui a subi du reste des vicissitudes diverses. Plus loin c'est Voh, un lieu où la colonie agricole, de date récente, semble vouloir se développer; elle compte déjà quelques centaines de membres. Elle est à proximité d'un mouillage de bonne tenue, précieuse ressource. Le profil de l'île est assez capricieux sur cette partie de son circuit et présente encore là quelques échancrures de plus ou moins d'intérêt. Les villages situés à proximité et desservis par une rivière sont Koné et Koniambo, puis Pouembout, de l'autre côté d'une belle plaine d'alluvions. Là encore sous la protection, inutile aujourd'hui, d'un poste militaire, on peut voir installés des colons libres et des anciens condamnés, car la Pénitentiaire a encore cherché dans ces parages à utiliser une parcelle des vastes territoires qui lui avaient été concédés. Il y a aussi dans cette région des exploitations minières, si bien qu'on voit là côte à côte : mines, cultures, élevage. Je n'ai pas donné de distances entre ces diverses escales voulant éviter la sécheresse de documents techniques que l'on trouvera facilement dans des ouvrages spéciaux ; elles

sont en moyenne de quelques lieues et en ex-
cèdent rarement une douzaine. Nous voici encore
arrivés à un grand centre minier, le plus important après celui de Thio, on y extrait aussi du
nickel; c'est Népoui, où, comme ailleurs du reste
sur plus d'une exploitation, il existe un petit
tronçon ferré qui mesure ici plusieurs lieues. On
ne saurait passer devant la rivière de Poya,
sans la nommer tout au moins. Et nous attei-
gnons ainsi Bourail où un séjour nous a fortement intéressés, nous mettant à même de nous
rendre compte de ce que l'on pouvait faire avec
de l'intelligence et de la bonne volonté, et des
résultats satisfaisants que l'on a su tirer d'une
mise à valeur par un élément de réprouvés.

Le lieu il est vrai était bien choisi. Bourail
est placé vers le centre de l'île à environ 150 kilomètres de Nouméa, à deux lieues de la mer, sur
la rivière de la Néra, formée de la Douencheur et
de la Pouéo et grossie de la Boguen. Elle coule
parfois abondante dans une délicieuse vallée
aboutissant à la rade de Gouaro. A leur intersection ces vallées plus ou moins larges offrent
de véritables plaines déjà mises en culture, pour
une bonne surface du moins, grâce à l'initiative
intelligente et dévouée du Directeur du Pénitencier. Le village de Bourail est coquet et pro-

pret et rappellerait quelque bon village de France,
les jours de marché surtout ou lorsque les culti-
vateurs, syndiqués pour l'achat de leurs fourni-
tures et l'écoulement de leurs produits, volailles
et légumes, viennent avec leurs charrettes à
bœufs. Il y a là des milliers d'hectares dont plu-

sieurs centaines ont été lotis par fractions de
trois à cinq et même dix hectares au profit
d'anciens condamnés auxquels sont venus se
mêler des colons libres, le tout formant aujour-
d'hui un beau groupement d'environ un demi-
millier de concessions. Ma visite a été d'autant
plus intéressante qu'elle a porté sur différentes
natures de tentatives agricoles ou même indus-

trielles, car il y a des embryons d'usines et jusqu'à une spéciale pour la fabrication du sucre et
du rhum, à Bacouya; mais je regrette de ne pouvoir entrer dans plus de détails espérant cependant pouvoir consacrer quelques pages dans
d'autres occasions à des études spéciales. Pour
la création de ce milieu agricole il n'a pas fallu
établir moins d'une centaine de kilomètres de
route, réseau appelé à se développer encore, et
à s'améliorer surtout au point de vue du raccor-
dement sur la route de La Foa à Nouméa. Je me
rappelle encore, entre autres multiples souvenirs, des visites faites aux Ecoles où j'interro-
geais les élèves auxquels je faisais accorder un
jour de congé (tout comme un grand person-
nage!) et d'une excursion surtout à la ferme-
école de Néméara, si intéressant établissement
pratiquement et paternellement dirigé par les
Petits-Frères de Marie. Instruction comme travaux
manuels et des champs et jusqu'aux arts d'agrément, rien n'est négligé.... Mais je n'en finirais
pas, et je veux ramener le lecteur à Nouméa par
la jolie et pittoresque baie de Saint-Vincent, fer-
mant ainsi le cercle que nous aurons décrit
autour de la Nouvelle-Calédonie.

Quant aux dépendances de la grande île, je
rappellerai que l'île des Pins offre encore une

surface de près de 13,000 hectares, qu'elle servit
à un moment de lieu de déportation politique et
qu'elle renferme le dépôt des femmes condam-
nées ainsi que des relégués. Les îles Loyalty ou
Loyauté sont au nombre de trois principales,
comme nous l'apprend la géographie, mais je
n'ai pu les visiter, pas plus que l'archipel si
intéressant des Nouvelles-Hébrides, et ce à mon
grand regret. Aussi je n'en dirai rien, ne voulant
communiquer que des impressions vécues.

A TRAVERS LES ARCHIPELS POLYNÉSIENS

Dans la rédaction originaire de notre programme, nous n'avions pas omis la visite des grands archipels voisins de la Nouvelle-Calédonie, comme ceux des Fidji, des Tonga et des Samoa, dont les îles situées à peu près sous les mêmes latitudes ont, paraît-il, de grandes analogies. Les premières surtout, appartenant, comme on le sait, à l'Angleterre, promettaient d'être très intéressantes. Elles équivalent à la Nouvelle-Calédonie pour leur étendue, mais l'emportent sur elle comme population et surtout commercialement. Leurs indigènes sont non seulement beaucoup plus nombreux, mais plus travailleurs et industrieux que nos Canaques. Ces îles sont riches dans toute l'acception du terme et principalement par le parti qu'elles tirent de la canne à sucre. De véritables villes s'y sont même élevées et elles sont en relations régulières avec l'Australie et la Nouvelle-Zélande, voire même avec l'Amérique. Nous nous promettions de comparer ces îles entre elles et de voir le profit que l'Allemagne tirait des Samoa à côté des œuvres anglaises dans les groupes voisins; un bateau anglais devait nous permettre d'accomplir cette excursion qui devait aboutir à Auckland, le port zélandais d'où l'on communique avec Tahiti; malheureusement il nous fallait compter avec les événements et une soi-disant épidémie de peste a dû nous faire modifier nos projets, et c'est avec grand regret qu'il nous a fallu revenir sur nos pas, c'est-à-dire regagner Sydney et ensuite Auckland, d'où perte de temps et double dépense, et tout cela par suite des mesures mal prises ou timorées de l'Administration en face d'un mal à peine encore bien caractérisé.... Il est vrai que le Ciel sembla vouloir réparer en quelque sorte ce contre-temps en nous gratifiant d'une belle traversée surtout dans la seconde partie.

Comme nous avons vu Auckland à notre premier passage, nous poursuivrons non sans emporter un bon souvenir de cette jeune cité où nous avons goûté un agréable repos dans la flânerie et les stations instructives faites tant au musée, si curieux par ses spécimens d'art

maori principalement, qu'à la Bibliothèque publique ouverte sans la moindre surveillance au
premier venu.... Le fait est à noter et tout à
l'éloge d'un peuple où la chose peut se prati-
quer sans inconvénient. Pourrions-nous en faire
autant dans notre France où l'administration
doit enchaîner les gobelets aux fontaines publiques et les porte-plume dans les bureaux de
poste !

Maintenant c'est vers l'est que nous allons
courir à travers les immensités du désert aquatique qu'est le Pacifique, au milieu duquel les
innombrables rochers, îlots et îles sont comme
autant d'oasis, où le navigateur peut se reposer
et se ravitailler au besoin. On a souvent dit que
le chameau était le vaisseau du désert, on pourrait retourner le dicton populaire et émettre que
le bateau est le chameau de la mer et en particulier du Pacifique, avec cette différence que, si
mal soit-on sur ces hôtels flottants plus ou moins
confortables, on est encore mieux que sur un
chameau !

Avant de nous lancer à travers la plaine
liquide, réfléchissons un instant sur ce qu'est
cette partie de notre globe terrestre, aquatique,
on pourrait dire, puisque les eaux en couvrent
près des trois quarts de la surface totale. N'en-

trons pas cependant dans les discussions qui se sont élevées interminables au sujet de la formation de la plupart de ces innombrables îles révélées, il y a à peine deux siècles, à la vieille Europe. Peu nous importe au résumé qu'elles soient traces d'anciens continents, immergés, ou une série de soulèvements volcaniques, auxquels (là il faut se rendre à l'évidence) sont venues se joindre ces curieuses formations d'origine madréporiques ? Laissons les savants ou les soi-disant tels discuter à l'aise... toujours est-il que la portion de l'océan Pacifique qui nous occupe et renferme une subdivision du cinquième continent s'appelle la Polynésie (désignation simple et juste puisqu'elle veut dire : îles nombreuses) et de fait c'est par centaines qu'on les compte. Leur superficie totale peut être évaluée à environ 4 millions d'hectares. Nombre de ces terres sont peuplées, mais plus encore ne le sont pas.

Quant au mode de peuplement, ces insulaires, appartenant à la même race originaire, paraissent être venus de l'ouest et de la presqu'île malaise vraisemblablement. Chassés par des invasions, puis ensuite poussés les uns par les autres, ils se seraient d'abord répandus dans les grandes îles de la Sonde, puis auraient émigrés toujours vers l'est, gagnant les groupes d'îles proches et passant successivement d'archipel en archipel.

Ce sont ces groupements ou parfois de simples terres isolées que les grandes nations colonisatrices se sont partagées par les voies de découverte et de conquête. L'Angleterre et la France se sont encore trouvées là en présence, comme personne ne l'ignore, et arrivées les premières, elles ont naturellement choisi ou se sont disputé parfois les meilleurs morceaux de ce domaine. Nous ne nous occuperons que de celles nous appartenant.

ÉTABLISSEMENTS FRANÇAIS
DE L'OCÉANIE

Placées sous l'administration d'un gouverneur spécial assisté de tout le ressort administratif, les îles qui relèvent de la France ont été désignées sous ce nom assez vague d'Établissements français de l'Océanie, auquel il conviendrait logiquement de substituer celui d'îles ou archipels de la Polynésie française. Cette colonie comporte une centaine d'îles au moins sans parler des rochers disséminés sur une étendue évaluée à environ 5 à 600 lieues carrées. Le tout représente seulement 400,000 hectares en chiffres très approximatifs, c'est-à-dire à peine le quart de la Nouvelle-Calédonie.

Ce sont les archipels : de la Société, avec Tahiti, siège du gouvernement; celui, plus au nord, des Marquises; ceux des Pomotu ou Tuamotu, des Gambier, des Tubuaï et enfin de Rapa.

Que le lecteur se rassure ; mon intention n'est

pas de le conduire dans le dédale de la pléiade
de ces îles qui meublent ce coin de mer ; je l'entraînerai à notre suite dans la visite succincte
qu'il nous a été donné à nous-même de faire
dans la plupart de ces si intéressants archipels,
reliés, plus ou moins régulièrement, entre eux
par un petit service à vapeur, comme avec le
chef-lieu lui-même qui n'est en communication
avec le reste du monde civilisé qu'une fois par
mois, d'un côté par le courrier de San Francisco
et de l'autre par celui d'Auckland. Quant aux
communications télégraphiques, c'est plus simple,
elles n'existent pas, et Tahiti est la seule colonie
d'une puissance européenne dans ces conditions,
qu'on pourrait qualifier de honteuses et défavo-
rables, il n'est pas besoin d'ajouter....

Mais, bien que le bateau (sorte de cargo-boat
d'un peu plus d'un millier de tonnes et d'un
confort relatif) que nous avions dû prendre ne
marchât pas bien vite, nous n'en avancions pas
moins vers le but désiré, la célèbre Tahiti. Je
n'insisterai pas sur les longueurs peu réjouis-
santes de cette traversée qui nous parut plutôt
fastidieuse, assez mal installés, comme nous
l'étions à bord, et n'ayant pas la liberté de circuler sur un pont encombré de caisses. Réduits
à quelques passagers dont un trio anglais, père,

mère et fille, sur lesquels le mal de mer ne semblait avoir aucune prise tant ils faisaient bonne contenance à une table dont nous n'apprécions guère les aliments, nous comptions les jours en compagnie d'un jeune ménage de fonctionnaires qui ralliait son poste. Ce fut de la sorte qu'après avoir été passablement ballottés nous atteignîmes le fameux 180e degré ; nous avions gagné vingt-quatre heures, allant vers l'est, vers le soleil levant ; aussi nous eûmes la semaine des deux jeudis ! Une escale heureusement devait couper le trajet.

En effet, le bateau touchait à l'archipel des îles Cook qui se sont données aux Anglais après s'être vraiment tournées vers nous, et il mouillait devant Rarotonga, nous permettant de jeter un coup d'œil sur cette jolie île d'une trentaine de kilomètres de tour et peuplée d'environ 2,000 habitants, auprès desquels se sont établis quelques Européens et même quelques avantureux Chinois, qui poursuivent ainsi à travers le monde leur lente invasion commerciale. Un de nos compatriotes s'y est également installé, mais dans un but plus noble... c'est un missionnaire catholique.

Enfin nous étions en pleine Polynésie, et une soixantaine d'heures après avoir levé l'ancre nous apercevions, s'estompant dans le gris bleu d'une nuit claire sous la lueur de la lune, les silhouettes fantastiques des montagnes de l'île de Mooréa, la sœur cadette de Tahiti, dont les hautes montagnes apparaissent au loin dans les teintes rosées de l'aurore ; spectacle inoubliable qui nous arrachait un cri d'admiration. Une heure après, le bateau ayant franchi la passe, stoppait sous la lumière déjà vive d'un soleil tropical dans la rade de Papeete.

Notre premier soin, ce qui ne surprendra personne, était de courir à la poste chercher des nouvelles de France,... et de procéder ensuite à notre installation dans un modeste hôtel, situé heureusement sur le bord de la mer, regardant le couchant qui ne nous ménagea pas les plus beaux effets de couleurs durant notre séjour.

Mais profitons d'un instant de répit dans cette course de globe trotter, puisque l'expression est consacrée aujourd'hui, pour refaire un peu d'histoire et de géographie :

Ce fut encore un Anglais, dont le nom se retrouve dans les découvertes océaniennes, Wallis, qui le premier, en 1767, aurait accosté Tahiti, aperçue peut-être par le hardi batteur des mers Quiros au début du xviiᵉ siècle. Cette terre a été ensuite visitée à diverses reprises par des marins dont certains sont restés légendaires, comme : Bougainville, qui l'aurait surnommée la Nouvelle-Cythère (c'était assez dire sous quel jour il l'avait vue); le capitaine Cook, dont le nom revient à chaque instant sous la plume quand il est question de l'Océanie ; ce fut lui qui donna à Tahiti et à ses sœurs le nom général d'Iles de la Société, et Dumont d'Urville, pour ne citer que les plus célèbres. Suivant de près les navigateurs, des missionnaires anglais, protestants, vinrent dès la fin du xviiie siècle s'installer à Tahiti, précédant nos missionnaires catholiques d'une quarantaine d'années. Il s'établit ainsi une sorte de rivalité entre les propagateurs de morale, et finalement la France crut devoir intervenir officiellement, prenant en main la cause de ses enfants. Elle obtint un premier succès diplomatique, malgré les agissements de l'Anglais Pritchard, qui obsédait la reine à tel point que cette dernière, ne voulant pas se livrer à l'Angleterre, préféra se jeter dans les bras de la France; Pomaré IV reconnaissait notre suzeraineté. Mais l'Angleterre ne se tenait pas pour battue, elle suscita des troubles et des révoltes qu'il nous fallut réprimer. Enfin, le protectorat se changea en possession le jour où le dernier des Pomaré abandonna le sceptre pour une pension, il y a de cela une vingtaine d'années.

Tahiti devint alors comme le noyau autour duquel vinrent se grouper les divers archipels de cette zone du Pacifique pour former nos Établissements de l'Océanie.

La réputation de beauté et de salubrité de ces îles n'est plus à faire; aussi je ne me répandrai pas en louanges inutiles; je me contenterai de répéter qu'elles n'ont pas usurpé ce renom.

Ces îles fortunées jouissent du reste d'un climat à peu près analogue, c'est-à-dire tropical, avec de légères variantes thermométriques et et hygrométriques; l'hiver y est fort agréable, comme en Calédonie ainsi qu'on l'a vu, et l'été très supportable. Les îles plus au sud se rapprocheraient naturellement davantage de nos régions tempérées, on y trouve même parfois de la fraîcheur, tandis que les îles du nord, telles les Marquises, sont bien tropicales.

La flore et la faune sont à peu près les mêmes dans ces divers groupes. La flore est abondante par rapport à la faune, bien réduite au contraire, comme on va le voir. Tout pousse à souhait sous ce ciel bienfaisant et l'on ne saurait mieux comparer ces îles au sol vierge qu'à de superbes serres pittoresques où tout viendrait grâce à la chaleur constante et à une humidité propice. Les pluies bienfaisantes, quand elles ne sont pas trop abondantes comme à certaines époques, complètent l'action calorique du soleil dont il n'est pas besoin de concentrer les rayons par des moyens artificiels. Il n'est pas jusqu'à nos légumes et certains de nos fruits d'Europe qui ne viennent, cultivés avec soins et précautions parfois. Quant

PAYSAGE TAHITIEN

aux cultures des pays chauds elles fructifient à merveille..., il faudrait les citer toutes. Certaines viennent, comme on le sait, naturellement tandis que d'autres ont besoin, passagèrement du moins de la main de l'homme, comme la vanille particulièrement, une des richesses de Tahiti. Beaucoup d'arbres sont à fruit, tel le cocotier, précieux

entre tous, il n'est pas besoin de le répéter,
source de prospérité à Tahiti, comme ailleurs et
peut-être plus qu'ailleurs, car il ne nécessite pas
de grands efforts pour en tirer profit; aussi le
coprah tient-il le premier rang dans la liste des
produits exportés. Je pourrais répéter ce que j'ai
résumé à ce sujet lorsque j'ai parlé de la Nouvelle-Calédonie. La variété des fruits est considérable, mais par leur saveur ananas et surtout
oranges méritent une mention spéciale. Pour ma
part les oranges de Tahiti sont jusqu'à nouvel
ordre les premières oranges du monde. Elles
sont du reste exportées en quantité soit vers la
Nouvelle-Zélande soit vers l'Amérique. La banane
est aussi une précieuse ressource et surtout cette
sorte de grosse variété sauvage dite feï qui se
fait cuire et est le principal légume des indigènes. Les fleurs les plus variées ornent également les forêts épaisses qui couvrent en grande
partie ces îles où l'on peut circuler sans crainte
des hommes ni des animaux. Ni fauves, ni
reptiles, en effet, ne sont à redouter; pour ainsi
dire pas d'insectes, désagréables du moins, sauf
les inévitables moustiques par endroits et à
certaines époques, et les cancrelats, inhérents à
tous les pays chauds. La nature semble avoir
oublié de distribuer des animaux à ces îles qui

en ont été plus ou moins pourvues par les
marins ayant attéri sur leurs bords. C'est ainsi
que l'on trouve des porcs, des moutons et des
chèvres, du bétail, des chevaux et jusqu'à des
ânes, retournés à l'état sauvage.

Pour en finir avec les notions générales j'ajouterai que le mouvement commercial de ces îles
dépasse 7 millions de francs, se partageant par
moitié entre l'exportation et l'importation, dans
laquelle la France fait assez bonne contenance
malgré la concurrence redoutable des pays voisins de nos archipels, favorisés exceptionnellement sous le rapport du transit. Il convient aussi
de signaler la nacre des huîtres comme principal objet d'exportation de la part de plusieurs
archipels que nous allons voir. Le budjet local
dépasse 1 million de francs, je pourrais ajouter,
pour cette petite colonie qu'administre un de nos
plus sympathiques gouverneurs. Il est escorté de
son secrétaire, de son chef de cabinet, et assisté
d'un conseil général, suivant l'usage. La magis-
trature a sa hiérarchie usitée. Il n'est pas jusqu'aux justices de paix auxquelles sont annexés
des tribunaux indigènes. Enfin ses adminis-
trateurs dont délégués dans les principaux
archipels et à leurs défauts ou subsidiairement
les gendarmes représentent, et, en général très

dignement, l'autorité dans les îles d'une certaine importance.

Et maintenant reprenons le cours du voyage et commençons par Tahiti où nous avons débarqué dans le chef-lieu : Papeete, la cité tahitienne. Procédant par ordre nous jetterons un coup d'œil successivement sur chacun des divers archipels, et j'espère ainsi que le voyageur deviendra par le fait un peu instituteur....

ILES DE LA SOCIÉTÉ

Combien peu nombreux, en effet, sont ceux, je puis bien me permettre de le dire, qui connaissaient Tahiti autrement que de nom, sans y être allé pour cela, s'entend ; pour la plupart de mes compatriotes, indifférents d'ordinaire aux questions extérieures et coloniales en particulier, Tahiti n'apparaît de loin que comme une terre insignifiante, une petite île perdue dans les immensités du Pacifique, une quantité négligeable presque, et pourtant elle ne mesure pas moins de 100 et quelques milliers d'hectares avec un développement de côtes de près de 200 kilomètres. Géographiquement elle aurait un peu la forme d'une raquette au manche épais et court avec ses deux parties distinctes reliées

par l'isthme de Taravao. La première de beaucoup la plus vaste est sensiblement ronde. Elle
consiste, comme l'autre partie du reste, en un
massif montagneux de formation volcanique,
dont les grandes pentes iraient en s'allongeant
jusqu'à la mer par opposition à ses faces inté-
rieures, se terminant d'une façon plus ou moins
brusque. Quelques sommets dépassent même
2,000 mètres, tels l'Orohena et l'Aoraï, et d'autres
viennent ensuite comme la cime dentelée qui l'a
fait surnommer le Diadème avec quelques centaines de mètres de moins. Dans les plissements
ou plutôt les échancrures de ce sol haut coulent
des torrents très variables et capricieux. On
estime à un bon tiers de la surface totale les
terrains susceptibles d'être exploités normale-
ment ; et ces terrains sont surtout dans le pourtour de l'île le long de ce riant littoral où vient
mourir le flot brisé à faible distance du bord par
une suite de récifs, c'est la ceinture madrépo-
rique que nous avons vue en Nouvelle-Calédonie,
qui se répète ici plus régulière encore; elle permet
une navigation en eau calme et offre des abris
naturels à la navigation grâce aux passes que la
nature a ménagées dans cette défense extérieure.
Ce phénomène se répète du reste dans les
archipels voisins, d'une façon plus ou moins

complète, mais il n'existe pas aux îles Marquises. Enfin il est la seule raison d'être de certaines îles purement madréporiques, dont il sera parlé plus loin.

Sur ces îles privilégiées (Tahiti et ses voisines surtout) vivaient donc, lorsque nous sommes venus prendre contact avec eux, des êtres calmes et tranquilles, grands enfants qui se laissaient vivre, ignorant la loi du travail puisqu'ils paraissaient ne devoir pas être obligés de « gagner leur pain à la sueur de leur front. » Ils coulaient des jours heureux lorsque nous sommes arrivés leur apporter ce qu'on est convenu d'appeler : « les bienfaits de la civilisation » par dérision on serait tenté de le croire en voyant les tristes résultats de ces tentatives d'assimilation. En effet à notre contact ils semblent avoir recueilli plus de mal que de bien ; nous leur avons apporté des maladies qui les déciment et nous avons réveillé en eux de mauvais instincts,... et nous ne les avons guère rendus plus travailleurs. Quant à la moralité, il vaut mieux n'en pas parler! Ainsi sous ce ciel souriant existent les maux contre lesquels doivent lutter notre pauvre et frêle existence humaine, car nous ne sommes pas à l'abri de nombre de maladies en ce climat fatalement un peu anémiant. Chez l'indigène la phtysie, la lèpre et l'éléphantiasis forment un hideux trio. Néanmoins à l'aspect extérieur il semble avoir conservé quelques-uns des signes qui caractérisaient cette belle race, c'est-à-dire la proportion dans les formes et une certaine régularité dans les traits; sa couleur de peau plus ou moins fortement teintée le rapprocherait de l'Indien, mais chez la femme surtout on retrouve un peu le nez large et aplati et les lèvres fortes du nègre, par contre ses yeux, noirs et profonds, lui donnent un charme particulier. Sa chevelure est généralement noire et abondante. Indolente cette race aime le jeu et la danse mais aussi la musique pour laquelle elle a une aptitude naturelle. Au chant ils ajoutent même la pratique de quelques instruments simples, comme des sortes de flûtes et de tambourins. La pudeur est née chez eux et le temps est loin déjà où ils ne se paraient que de feuillage et de fleurs, bien qu'ils en aient toujours le goût. Bon nombre cependant en sont encore réduits au simple « pareu » c'est-à dire jupon très court leur ceignant les reins. Les femmes portent en général une sorte de peignoir flottant ample, d'assez gracieux effet, et d'un usage si pratique dans ces pays chauds où le corset est une gêne que les dames européennes l'ont adopté, la modifiant au besoin pour la rendre plus gracieuse. Elles recherchent, ce qui est fort agréable à l'œil, des colorations tendres, et roses assez volontiers. Un chapeau de paille de la forme dite « canotier » complète le costume; il est du reste de fabrication indigène; mais ils ne peuvent s'astreindre pas plus les femmes que les hommes à mutiler leurs pieds par le port de la chaussure. Habitant primitivement sous le couvert des épaisses frondaisons ils se sont élevé des huttes aux parois à claire-voie recouvertes de feuillage. Elles sont généralement de forme oblongue. A l'intérieur on y trouve que des ustensiles simples de ménage et en guise de meubles une sorte de litière; mais chaque jour les propriétaires améliorent leurs abris et un certain nombre a déjà poussé le luxe à se faire construire des maisonnettes en bois, apportées d'Amérique toutes démontées. Elles comportent d'ordinaire un simple rez-de-chaussée à deux ou plusieurs pièces, muni à l'extérieur d'une véranda, et placé généralement sur un soubassement pour lequel la maçonnerie convient mieux. La toiture est naturellement en tôle ondulée et les ouvertures sont munies de portes et de persiennes, car les vitres n'ont pas de raison d'être sous ce climat.

La visite de la capitale Polynésienne ne

saurait nous retenir longtemps au point de vue
de l'intérêt pour le touriste ; si la ville de Papeete
n'offre pas de monuments, car on ne peut donner
ce titre pas plus à la résidence du gouverneur
située au fond d'un gentil jardin, qu'au soi-disant
palais des Pomaré, grande bâtisse banale, ou
encore au tribunal, rappelant vaguement une
orangerie, ou même à l'église et encore moins
au marché et à la mairie, par contre elle possède
un charme spécial dans l'aspect de la plupart de
ses voies, avenues plantées au long desquelles
s'égrènent les habitations plus ou moins modestes
dissimulées dans la verdure de leurs jardins. Le
quai lui-même forme ainsi une agréable promenade qui peut se prolonger pendant plusieurs
kilomètres presque. C'est non loin de la douane
proche de l'endroit où accostent les bateaux à un
warf, œuvre de la Compagnie américaine, que
s'élèvent les bureaux et magasins des agents de
compagnies de navigation et des négociants, la
plupart étrangers, malheureusement. Papeete a
sa garnison, poignée d'hommes placée sous la
direction d'un capitaine-commandant, et la rade
elle-même est défendue par des ouvrages militaires. Elle est dominée par un sémaphore et une
redoute. Plus haut dans la montagne est le fort
de la Fatahua dernier point de résistance qu'il

nous a fallu enlever de vive force, lors des rébellions. A défaut de théâtre Papeete possède des cercles où il nous souvient avoir été bien accueillis ; enfin la musique se fait entendre sur la place à certains jours, tout comme dans la moindre ville de province française. J'allais oublier les écoles tant catholiques que protestantes et les chantiers de constructions navales, car on construit jusqu'à des goëlettes à Tahiti, et l'arsenal avec sa calle de halage.

Dans un si joli pays il va sans dire que les promenades et excursions ne manquent pas, aussi bien pour les bicyclistes que pour les piétons ou les cavaliers, les bicyclettes, en effet, paraissent très appréciées. Il n'est pas jusqu'aux voitures qui ne circulent en grand nombre étant aussi très prisées par les indigènes eux-mêmes. Parmi les plus classiques de ces promenades, le modeste jardin botanique, la rivière et surtout la belle cascade de la Fatahua en forment les buts principaux, ou même le tombeau des Pomaré, à Arué, et surtout la pointe Vénus où se dresse un phare auprès duquel on a placé une pierre commémorative du passage de Cook. Mais l'excursion intéressante entre toutes c'est le tour de l'île qui peut se faire en voiture sur la majeure partie du parcours tout au moins.

Elle permettra de bien se rendre compte de l'aspect du pays qu'on la prenne par un côté ou par l'autre. Si sur le versant nord elle paraît peut-être plus accidentée et parfois même un peu trop comme au passage de rivière torrentueuse, telle celle de Papenoo, sur l'autre face elle ménagera de jolis paysages sous le couvert de bois de cocotiers et fera apparaître le côté véritablement intéressant au point de vue agricole, laissant entrevoir les districts les plus riches de l'île, où se cultive la vanille, que semblent malheureusement vouloir accaparer les Chinois. Cette partie de la route est desservié chaque jour par une mauvaise patache faisant le service postal jusqu'à Taravao, en arrière du fameux bassin naturel dit Port-Phaëton, dont la situation exceptionnellement avantageuse a été déjà maintes fois signalée. Elle se poursuit jusqu'au village de Tautira au nord de la presqu'île et offre encore là plus d'un reposant paysage comme à l'embouchure de la pittoresque rivière si justement vantée. De distance en distance je pourrais ajouter d'une façon générale que cette route longue de douze à quinze lieues (depuis Papeete), offre des aspects très variés et que l'on rencontre semés sur le parcours quelques négociants-aubergistes ainsi qu'un certain nombre d'agglomérations de maisonnettes ou tout au moins de cases indigènes, sans parler des grandes cases municipales dites « farehau » et de modestes temples ou chapelles..., mais de colons, point! Des tentatives de colonisation ont bien déjà été faites, mais sans succès. On s'apprête, il paraît, à la renouveler; on ne peut qu'applaudir à ces efforts et il est à souhaiter qu'ils soient au besoin encouragés. Au reste la colonisation, jusqu'à nouvel ordre, semble assez difficile dans un pays où la terre manque et où les propriétés se rétrocèdent ou se louent avec peine, les indigènes préférant garder leur sol improductif plutôt que de s'en séparer ou même de l'affermer.

En vue même de Papeete et apparaissant directement avec sa silhouette tourmentée derrière la corbeille de verdure posée sur l'eau que semble l'îlot de Motu-Uta se dresse la fantastique Mooréa, sœur de Tahiti, qui, sensiblement plus petite que cette dernière, n'en compte guère que le dixième des habitants soit un peu plus d'un millier. Si ses sommets ne dépassent en moyenne que quelques centaines de mètres de hauteur, par contre ils sont d'aspect plus fantastisque que les montagnes tahitiennes, surtout quand on les contemple des baies de Cook et de

Papetoaï, ces profondes échancrures par lesquelles la mer pénètre presque jusqu'au cœur de
l'île elle-même.

Non loin de ce premier groupe des îles de la
Société, à une distance de 200 et quelques kilomètres, une autre série d'îles fort intéressantes
constituent l'archipel des « Iles Sous-le-Vent; »
elles ont nom : Huahine, Raïatea-Tahaa, et Bora-
Bora, sans parler de Tubuaï-manu, Motu-iti, Mau-
piti, Mapihaa, Bellinghausen et Scilly, ces dernières de simples rochers.

Je dirai tout d'abord qu'elles sont dignes d'intérêt à tous égards.

Elles offrent de merveilleux abris à la navigation, de plus ce sont des terres bien arrosées,
d'une grande fertilité. D'une étendue totale de
plus de 30,000 hectares elles sont peuplées de
plusieurs milliers d'individus, indigènes plus fiers
peut-être que leurs frères tahitiens et plus belli-
queux à tel point qu'ils nous ont donné quelque
souci, il n'y a pas longtemps encore, bien que
nous fussions installés chez eux depuis une douzaine d'années. Aussi il importait de nous bien
assurer de ces îles que d'autres convoitaient.

Au point de vue pittoresque ces îles sont des
plus curieuses et des plus originales. Très acci-
dentées, bien découpées avec des baies superbes,

profondes fissures pénétrant souvent fort avant
dans l'intérieur, elles sont aussi d'origine volcanique, mais elles offrent cette particularité, c'est
qu'elles sont entourées d'une ceinture madrépo-
rique émergeant par parties et formant des îles
basses couvertes de cocotiers, sorte d'enveloppe
extérieure à l'île.

La première que nous trouverons est : Huahine, composée de deux parties réunies par un
isthme à fleur d'eau, pays de l'ananas par excellence et à vil prix. L'élément européen n'est
représenté que par quelques commerçants et un
ménage d'instituteur. Gracieux paysage exotique,
verdoyantes collines l'encadrant, tel est le même
agréable spectacle que nous réservait chaque
escale. Plus loin se dressent les deux îles jumelles
Raïatea-Tahaa encerclées dans une même chaîne
de récifs dont quelques maillons émergent sous
forme de verts plateaux paisibles retraites, sortes
de jardins flottants offrant le plus délicieux séjour que puissent rêver pêcheurs et canotiers,
car entre les deux terres s'étend un ravissant lac
d'eau salée abondant en poissons. La première
des îles et la plus vaste (quelques milliers d'hectares) renferme le principal centre habité, Utu-
roa, longue avenue maritime où la verdure
semble cacher jalousement de modestes maison-

nettes, voire même de simples cabanes, dont bon nombre sont établies sur pilotis. C'est là que résident l'Administrateur de l'archipel, un gendarme, un agent spécial, des négociants représentants des maisons de Tahiti. Les missionnaires tant catholiques que protestants ont aussi évangélisé ces insulaires que sont venus depuis peu travailler des disciples du mormonisme.

ILE DE BORA-BORA

Enfin c'est Bora-Bora, la perle des perles, terre fantastique entre toutes, avec sa cuirasse de corail ne laissant qu'un défaut, précieuse ouverture permettant aux navires de se glisser dans une superbe rade bien abritée dominée par un morne superbe de plus de 700 mètres de hauteur. On comprend à cet aspect que l'esprit simple des indigènes ait été vivement impressionné, aussi cette île est-elle le foyer de légendes enveloppées de mystères ; c'est la retraite des génies. L'île où l'on a déjà ouvert une route comme dans les voisines, compte une dizaine de lieues de tour, délicieuse excursion. Les habitants de ce coin de paradis nous ont paru d'humeur plus folâtre encore, si c'est possible, que leurs frères. Ils excellent, du reste, dans l'art chorégraphique, comme il nous a été donné de le voir; de plus ils sont passés maîtres en musique, et c'est là une note des plus intéressantes, car si nous avons peu apprécié leurs contorsions convulsionnées, rappelant par moments plus ou moins vaguement certaines danses exotiques arabes ou mauresques, nous avons goûté avec plaisir leurs chants, sortes de cantates souvent, aux rythmes bizarres, consistant en modulations brodées sur une sorte de canevas (accompagnement *muetta voce* généralement en sourdine). Il nous souvient d'évocations, de prières faites ainsi en commun le matin au lever du jour ou le soir à l'heure du couchant imprégnées d'un cachet tout spécial bien fait pour impressionner les amateurs. On connaît ces chants sous le nom général d'hyménées. Ce sont parfois de véritables improvisations souvent accompagnées d'instruments simples, comme ceux dont il a déjà été fait mention, sortes de flûtes et de tambours. Enfin les danseurs comme les musiciens sont divisés par groupes sous la direction de chefs faisant fonction de maître de ballet ou de chef de chœur. Suivant l'usage les exécutants de l'un et l'autre sexe se couvrent plus ou moins de fleurs, ils en ornent même parfois les spectateurs.... Il nous souvient encore des colliers et des couronnes dont on voulait nous affubler. L'idée est certainement des plus gracieuses, mais elle peut n'être pas du goût de tout le monde ; ce qui peut convenir à la femme prête plutôt à tourner l'homme en ridicule ! N'en est-il pas de même des bijoux, et quoi de plus grotesque qu'un homme qui s'en affuble !

Tel nous est apparu cet archipel, plaisant entre tous, où l'œuvre colonisatrice s'est à peine manifestée jusqu'à ce jour. C'est à peine si quelques très rares colons français ou même étrangers ont fait quelques tentatives et se sont plutôt livrés à l'élevage sur les plateaux de Raïatea principalement. Il est vrai que là encore les terrains à concéder manquent et que l'on a à lutter contre cette apathie des indigènes, rendant la main d'œuvre presque introuvable.

ILES POMOTU OU TUAMOTU

En nous rendant aux îles Marquises nous allions faire quelques escales dans l'archipel des îles Tuamotu, nous permettant ainsi de prendre connaissance de ces terres si bizarres, que beaucoup de gens ne soupçonnent même pas. C'est que nous nous trouvons là en face d'un phénomène des plus bizarres de la nature. Ces îles, au nombre d'environ 80, semées diagonalement à travers cette partie du Pacifique, ne sont en réalité que des anneaux madréporiques plus ou moins importants dont la largeur ne dépasse guère en général quelques centaines de mètres. Ces îles dites Atolls renferment donc une sorte de lac salé appelé Lagon, lequel communique à la mer, subissant par conséquent les mouvements de la marée peu sensible en ces parages, grâce à des ruptures ou des dépressions de la chaîne coralienne, ne s'élevant jamais beaucoup au-dessus de l'eau. Cette œuvre sous-marine des zoophytes est, comme on le voit, des plus extraordinaires ; ce sont des excroissances de l'écorce terrestre en quelque sorte formant des plateaux superposés. A l'origine ces protubérances ne portaient rien, puis une sorte de sol factice s'étant constitué la végétation a fait son apparition et ajoutant un humus fécondant par ses propres débris elle s'est développée. Des arbrisseaux ont poussé et enfin on a introduit bananiers et surtout cocotiers, si bien que ces derniers sont devenus une précieuse ressource pour les habitants de ces terres inhospitalières, réduits à recueillir l'eau de pluie.

La physionomie de ces îles, tant extérieurement qu'intérieurement, est donc la même. A l'extérieur c'est une ceinture de verdure plus ou

DANS UN LAGON DES ILES TUAMOTU

moins longue apparaissant au ras de l'eau, car la dimension de ces anneaux terrestres représentant en tout une surface de plus de 85,000 hectares est très variable (elle mesure depuis quelques kilomètres à peine jusqu'à 20 et 25 lieues de circuit et même davantage), tandis qu'à l'intérieur on a l'impression d'une plage circulaire

aux horizons lointains, sur les bords de laquelle
se montrent par endroits des cabanes plus ou
moins groupées et même parfois de coquettes
maisonnettes sous le couvert des cocotiers. Il
existe en effet quelques véritables villages dans
certaines de ces îles, où la population est séden-
taire, mais la grande majorité de ces insulaires
sont plutôt des nomades, passant d'un lieu de
pêche à un autre, c'est qu'en effet c'est la
« plonge » c'est-à-dire la cueillette ou la récolte
des belles huîtres nacrées dans les lagons qui
fait vivre cette population si intéressante. Tous
en principe s'y livrent, aussi bien les femmes
que les hommes et jusqu'aux enfants parfois, et
le métier n'est pas que d'être pénible, car il faut
descendre par endroits profondément pour aller
arracher l'huître aux coraux où elle s'attache.
Le plongeon dure quelquefois jusqu'à une, deux
ou même trois minutes ; aussi des commence-
ments d'asphyxie se produisent-ils assez fréquemment, mais les accidents mortels sont rares.
Ces huîtres dont la nacre a trouvé tant d'emplois
dans l'industrie moderne, recèlent parfois des
callosités, protubérances bizarres, et plus rarement encore de ces précieuses perles si recher-
chées par la joaillerie. Ces produits naturels sont
accaparés par des négociants plus ou moins cos-

mopolites par voie d'échange contre des marchandises des plus hétéroclytes. Nous avons vu des phonographes et des bicyclettes ! Les indigènes, du reste, ne peuvent mettre de côté le moindre argent qu'ils gaspillent n'en connaissant peut-être encore pas bien la valeur, et n'en ayant que faire ignorant les premières notions d'économie financière.

Ces îles, à la tête de l'administration desquelles est placé un fonctionnaire, résidant d'ordinaire à Fakarawa, et secondé par des gendarmes disséminés dans l'archipel, ont été évangélisées depuis nombre d'années par les missionnaires qui ont vu surgir des concurrents en la personne d'apôtres du mormonisme et de ses diverses sectes, agents déguisés de l'U. S. A. dont les convoitises pour nos archipels sont à peine dissimulées aujourd'hui. C'est là un danger qu'on ne saurait trop signaler à l'heure où notre influence est combattue d'une façon si préjudiciable aux intérêts de la France dans cette partie du monde.

ILES MARQUISES

Le premier archipel dont nous ayons pris possession dans ce centre Pacifique est celui des îles Marquises, bien connues, de nom du moins,...

Elles sont à quelques centaines de kilomètres au-dessus des Tuamotu, c'est-à-dire plus rapprochées de l'équateur ; aussi leur moyenne de température est-elle légèrement plus élevée que dans le reste de nos possessions polynésiennes. Elles ont extérieurement un cachet spécial de mystérieuse grandeur dû à leur caractère essentiellement volcanique. Privées de la garniture de récifs, elles dressent leurs côtes sauvages souvent abruptes, se terminant en falaises parfois à pic, entre lesquelles les navires ne trouvent que de rares abris. Leur physionomie générale est tourmentée et leur silhouette est pittoresquement montagneuse. Elles sont aussi assez abondamment pourvues d'eau, grâce à de petits torrents qui descendent dans les plis plus ou moins profonds de leur sol tourmenté.

L'archipel compte onze îles dont sept habitées, couvrant une surface d'environ 125,000 hectares, et peuplées de quelques milliers de ces indigènes célèbres jadis par leur férocité et dont la race tend à disparaître. De mœurs belliqueuses, les Marquisiens ont ensanglanté leurs îles à diverses reprises par des luttes fratricides et ont défendu vaillamment leur liberté, puisqu'il ne nous a guère fallu moins d'une vingtaine d'années pour rétablir le calme dans ces tribus, chez lesquelles certaines pratiques barbares, comme le tatouage et peut-être bien le cannibalisme, n'ont pas complètement disparues. Ces îles doivent leur nom à un navigateur du XVIᵉ siècle, Mendana, en expédition de découverte dans cette région du Pacifique pour le compte du vice-roi du Pérou ; mais après lui d'autres vinrent reconnaître ces terres, comme Cook et le capitaine français Marchand, qui voulut leur donner le nom d'îles de la Révolution. Depuis nombre d'années déjà, les missionnaires se sont évertués à évangéliser ces sauvages, enclins à la paresse et aux vices, et dont les mœurs nous ont paru plus dissolues encore qu'ailleurs. Religieux et religieuses tentent d'éduquer la jeunesse.

La flore et la faune des Marquises sont à peu près identiques à celles des îles voisines, mais les animaux domestiques retournés à l'état sauvage y abondent ; c'est même sur une de ces terres que l'on trouve des ânes.

Par leurs dispositions, les îles Marquises forment deux groupes : celui du nord-ouest, qui se compose de : Nuka-Hiva, la plus connue, Ua-Pu, Ua-Uka et Eiao ; et celui du sud-est, que forment : Hiva-Oa, la plus vaste, Tauata et Fatu-hiva, plus le rocher de Motane. A l'exception des deux principales, en comportant plus du double, ces diverses îles mesurent l'une dans l'autre de 5 à 7.000 hectares. Elles sont couronnées par des hauteurs de quelques centaines de mètres, quelques pointes vont même jusqu'à 1.000 et 1.200 mètres. Inutile d'ajouter que par leur isolement ces crêtes accrochent souvent les nuées qui flottent à la surface des eaux.

Je n'entrerai pas ici dans le détail de la description même simplement pittoresque de ces îles, car je dois résumer mes impressions et chercher seulement à en donner une idée générale.

C'est grâce au petit vapeur, desservant les divers archipels, que j'ai pu procéder ainsi à une visite sommaire ou simple inspection de la plupart de ces îles; mais mon séjour à bord a loin d'avoir été toujours agréable et surtout confortable, puisque j'étais soumis au régime alimentaire anglais quoique Français naviguant à bord d'un bateau subventionné et dans des eaux françaises.

Une escale à Atuana, le principal centre habité d'Hiva-Oa (appelée aussi La Dominique), nous permettra de faire connaissance avec ces terres, peu hospitalières au résumé. L'atterrissage n'est du reste pas commode en général et il faut mouiller à quelque distance de terre dans cette

vaste baie des Traîtres, malheureusement trop
ouverte. Quant au village lui-même, disséminé
dans la verdure à travers un véritable bois de
cocotiers, il est des plus champêtres. Résidence
d'un évêque, d'un docteur et d'un gendarme, il
aurait rang de capitale de l'archipel si l'administrateur n'habitait pas à Nuka-Hiva, comme lors
de notre passage.

Plus plaisant encore est le chef-lieu de cette
dernière île, Taïoahé, situé au fond de la baie en
fer à cheval de Anna-Maria, la plus belle des
rades marquisiennes avec ses deux rochers à
l'entrée, sentinelles avancées. Il nous souvient
encore du cordial accueil qui nous attendait sur
ce coin de sol francisé. Vers le centre de la
courbe gracieuse en laquelle s'arrondit le fond
de la baie se dresse un tertre vert portant les
débris du petit fort Collet, notre point de défense à l'époque de la conquête. Sur la droite, à
travers les arbres des jardins, on aperçoit la
modeste résidence administrative tandis que
semble se cacher l'habitation plus confortable
du brigadier de gendarmerie, agent spécial. A
gauche, à proprement parler, est le village, bien
modeste, puisqu'il comptait alors à peine une
centaine d'âmes. Ses maisonnettes ou vulgaires
cabanes sont plus ou moins enfouies sous la

verdure qui garnit capricieusement la grève où sont tirées au sec quelques pirogues indigènes. Un ruisselet gazouille dans un verdoyant encadrement. Une ancienne construction représentait l'industrie du pays, où jadis on cultivait le coton. A côté se dresse la prison.

La colonisation n'existe pour ainsi dire pas aux Marquises, car c'est tout au plus si quelques Européens font un peu de coprah ou s'adonnent à l'élevage. Certains capturent, à l'aide d'indigènes, de ce bétail sauvage auquel il a été fait allusion, et qu'ils vont ensuite vendre à Tahiti; d'autres tiennent des magasins ou des comptoirs, succursales de maisons de commerce de Papeete.

A voir l'aspect de Nuka-Hiva, elle nous a paru fort pittoresque; elle présente de plus, le long de son littoral, quelques baies plus ou moins profondes.

En revenant à Tahiti à bord du bateau anglais transformé en arche de Noé avec tous les animaux qui y étaient entassés et en rendaient le séjour peu réjouissant, nous devions encore visiter quelques lagons des Tuamotu, où la pêche semblait donner.

Il nous restait à voir les autres archipels, moins importants; malheureusement, il nous fut impossible de trouver un bateau quelconque en partance et force nous fut de renoncer à une inspection plus complète de nos archipels polynésiens.

Je rappellerai succinctement, pour mémoire, quels ils sont.

Les Gambier, les Tubuaï, Rapa.

Ces dernières îles complètent nos possessions du Pacifique. Elles sont de peu d'importance territorialement parlant, mais pas géographiquement et topographiquement, situées, comme le sont certaines du moins, sur les grandes lignes maritimes devant couper à bref délai cette partie de l'Océan; c'est ainsi que les Gambier et Rapa offrent des avantages exceptionnels; ces modestes îles seront les escales obligatoires des navires qui d'Amérique, voire même d'Europe, après l'ouverture du canal de Panama, se rendront en Océanie, en Australie, en Nouvelle-Zélande.

Les Gambier, qui font suite aux Tuamotu et sont des érosions volcaniques plus ou moins garnies de récifs, représentent en bloc 3.000 hectares environ avec une population d'un millier d'individus, pour la majeure partie convertis au catholicisme. Sur une dizaine d'îles, quatre sont d'une certaine étendue, mais une seule est réellement intéressante : Mangaréva avec son petit chef-lieu, Rikitéa, résidence du gendarme-administrateur, qui n'a que de rares occasions de communiquer avec Tahiti. Il est là un port naturel à l'abri des récifs, qui, paraît-il, pourrait être facilement rendu accessible. L'île, avec ses hautes collines, est pittoresque et jouit d'un bon climat.

Il en est de même du petit groupe des Tubuaï, avec Rahivavaé, Rurutu et Rimatara, où les indigènes font du coprah et du café.

Enfin la petite Rapa, plus au sud, mérite une mention particulière. Non seulement elle offrirait une baie abritée d'une valeur inestimable, mais elle jouirait d'un éternel printemps. Nos fruits et légumes d'Europe y viennent très bien, dit-on

Telles sont toutes ces îles si belles et intéressantes dont en France on semble ne pas faire assez de cas.

VERS L'AMÉRIQUE. — SAN FRANCISCO

Le seul moyen pour ne pas revenir en arrière était de gagner l'Amérique, c'est-à-dire de prendre la route actuellement la plus directe entre Tahiti et l'Europe. Passant par New-York et les États-Unis, elle peut s'effectuer en moins d'un mois. Aussi prîmes-nous le paquebot *Aus·*

tralia, qui faisait alors le service au lieu et place des goélettes à voiles du temps passé. Il devait mettre plus de douze jours à franchir les 3.650 milles marins séparant Tahiti de la grande cité de l'ouest américain. Rien à dire de cette traversée, plutôt reposante, pour nous du moins, car si le navire était vieux, il était spacieux et suffisamment confortable; de plus, nous y étions fort à l'aise, étant quelques passagers seulement. Le temps devait aussi nous favoriser, et je crois qu'il est difficile de naviguer dans de meilleures conditions sous les latitudes équatoriales. De rares navires à voiliers vinrent nous distraire en attendant le jour où nous apparut, à travers la brume, la côte américaine. C'était une nouvelle étape de franchie dans notre long voyage et nous étions sur la voie du retour.

Quelques jours d'arrêt ne nous parurent pas superflus pour avoir au moins une idée de la belle ville qu'est San Francisco avec ses 400.000 âmes. De création relativement récente, la capitale californienne est bien située dans la partie inférieure de cette magnifique rade communiquant à la mer par la célèbre « Porte d'or. » Elle s'étend aujourd'hui jusqu'à l'Océan lui-même, c'est-à-dire sur une largeur de plusieurs kilomètres, mais c'est plutôt au long de la baie qu'elle se groupe ; elle présente de ce côté une suite de warfs et appontements couverts de docks, auxquels sont accolés des centaines de navires, voiliers pour la plupart, venus de tous les coins du monde. Aucun de nos ports français ne saurait donner une idée de l'animation qui règne dans le premier port de l'est Pacifique. Il est en relations fréquentes, comme on le sait, avec toutes les régions du monde tournées vers le plus vaste des Océans et avec la côte ouest Amérique.

Cette belle cité bien percée n'est pas déplaisante, à notre avis, comme ses grandes sœurs de la côte est des États-Unis ou même du centre. La construction y est plus normale et peut-être de meilleur goût. Elle est très bien desservie par une série de lignes de cars électriques escaladant, par des pentes très fortes parfois, la suite des collines sur lesquelles une partie de la ville a été construite. Un vaste parc et des squares, généralement bien tenus, distribuent leurs notes de verdure dans le damier du plan de la ville. De beaux magasins, des boutiques bien achalandées prouvent que sous le rapport du confort et du luxe San Francisco ne laisse rien à désirer. Les restaurants, bons et à tous prix, sont, ainsi que les blanchisseries, tenus généralement par nos

compatriotes, au nombre de plusieurs milliers
en ville et dont le chiffre en Californie s'élève-
rait à plus de 30.000. Beaucoup s'adonnent à la
culture et à celle de la vigne en particulier, et
personne n'ignore la production vinicole de cette
terre merveilleuse de Californie où l'on trouve
les produits de tous les climats.

Je n'insisterai pas sur les monuments de la
ville, édifices plus ou moins imposants, mais parfois d'un goût plus ou moins sûr, que ce soit
l'Hôtel de ville, coiffé de son dôme, ou la station
centrale de ces nombreux bateaux « ferry boat »
qui mettent la ville d'une façon incessante en
relation avec la ville d'Oakland située en face et
les différents points de la baie. C'est dans ce
long bâtiment surmonté d'un haut minaret que
sont installés d'instructifs musées, tandis que les
arts ont trouvé place dans une sorte de palais
élevé dans le parc. Auprès d'objets d'art, d'échantillons ethnographiques et autres, on peut y voir
une salle consacrée au souvenir du grand empe-
reur Napoléon.

Nous pouvions regagner la France par la voie
américaine, mais nous avions formé d'autres
projets; malheureusement la mauvaise saison
venait, et nous résolûmes de la passer, en partie
du moins, dans les régions tropicales; aussi

notre décision fut-elle vite prise de redescendre sur Panama pour visiter ensuite les Guyanes et nos îles des Antilles.

DE SAN FRANCISCO A PANAMA

Je ne m'attarderai pas en retenant le lecteur par le récit détaillé de cette intéressante navigation côtière qui nous a demandé une vingtaine de bonnes et reposantes journées, égayées par de nombreuses escales et le spectacle d'un paysage, généralement pittoresque, se déroulant sous nos yeux, mais je veux cependant lui donner une vague physionomie de ce panorama, long de centaines de lieues. Tout d'abord il convient de dire que nous étions dans les meilleures conditions pour le bien apprécier ; en effet nous étions presque seuls même à un moment, confortablement installés sur un bateau anglo-chilien de nouveau modèle, ayant à notre disposition, salon, salle à manger et fumoir, sans parler de spacieuses cabines et de tous les accessoires ;... et le tout au prix de journée d'un bon hôtel moyen, ni plus ni moins. autrement dit pas cher !

Les côtes plus ou moins dénudées de la longue presqu'île californienne ont après les baies si réputées des stations de San-Diégo et Los Angeles défilé sous nos yeux, puis et sans hausse pénible de température nous avons gagné le littoral mexicain que nous touchions d'abord au principal port de ce pays sur le Pacifique, Mazatlan, une petite ville encore bien espagnole où l'on ne voit pas souvent de Français. A sa suite nous rangions la côte, pittoresque et garnie de montagnes, faisant escale presque chaque jour, tantôt mouillant sur rade foraine, tantôt pénétrant dans des baies quelquefois véritables ports bien encadrés, comme Manzanillo et surtout Acapulco, ce superbe bassin naturel sur lequel s'élève une curieuse petite ville flanquée de son vieux fort espagnol. Nous pouvions, et à bon compte, y faire ample provision de cigares.

Après le Mexique, c'était l'Amérique centrale, que nous longions avec sa côte montagneuse, dont les principales arêtes, gigantesques pyramides de 2,000, 3,000 et même 4,000 mètres, ne sont généralement autres que des volcans plus ou moins somnolents (l'un d'eux était même en activité). Nous prenions contact avec la terre à diverses reprises et faisions connaissance avec des villes, comme Guatémala, capitale de cet État, le plus important de ces petites républiques du Centre Amérique. Située sur les plateaux qui constituent la majeure partie de ces territoires elle jouit d'un agréable et sain climat comme les autres centres de population placés dans les mêmes conditions. Ces pays produisent surtout d'excellents cafés ; mais ils sont, le Costa-Rica, le Honduras, le San-Salvador, le Nicaragua, des régions encore bien neuves à divers points de vue, et si leur sol volcanique et sujet aux tremblements de terre, est peu stable, il en est de même de leurs institutions sociales. Ils se formeront à la longue et comprendront peut-être qu'ils ont intérêt à s'entendre s'ils ne veulent pas perdre leur autonomie, autonomie que le Mexique défend jalousement contre les empiètements de sa grande sœur voisine, l'envahissante République américaine.

Enfin nous entrions dans la baie de Panama, abritée du large par une série d'îles, dont certaines servent de sanatoria aux Européens résidant dans la vieille et pittoresque, mais plutôt malsaine ville, qui a donné son nom à l'isthme et au canal. La triste cité qui a tant fait parlé d'elle a conservé un curieux cachet artistique avec ses rues étroites dans lesquelles les balcons se touchent presque parfois, avec ses églises, ses couvents, dont certains ruinés, mais qui dénotent de l'importance de ce pays à l'époque de la domination espagnole. Panama bien que ville de

25.000 à 30.000 habitants, est surtout une étape
où le voyageur est plus ou moins écorché et mal-
traité ;... aussi on s'y arrête le moins possible.

Néanmoins nous n'étions pas fâché de voir
le fameux isthme et les travaux déjà faits, d'aper-

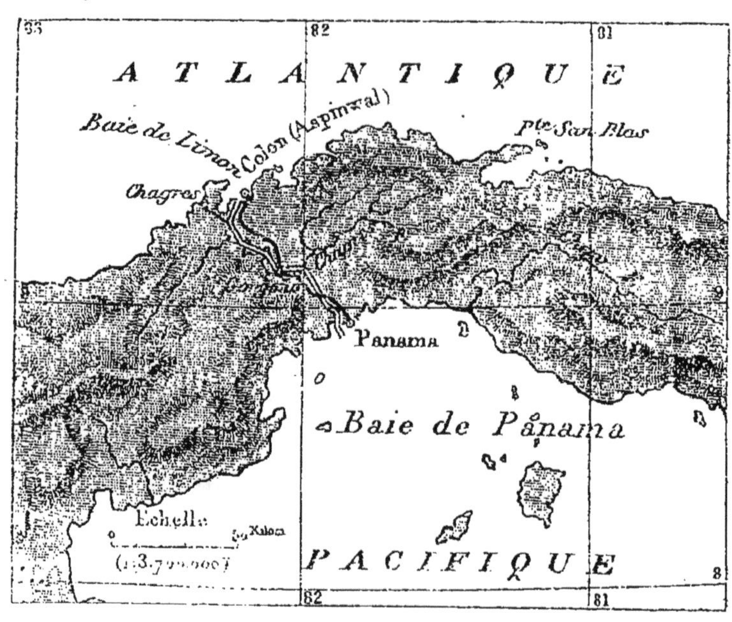

ISTHME DE PANAMA

cevoir les amorces longues de plus de 30 kilomètres (sur 75 du tracé total) de ce canal que
vont achever les Américains, et de contempler
la profonde tranchée de la Culebra. Cette affaire
a trop fait pleurer de Français pour que nous
songions à en parler plus longuement....

Toujours est-il qu'après avoir utilisé notre

séjour à Panama malgré la situation critique dans laquelle était le pays par suite de la lutte fratricide qui le divisait nous franchissions l'isthme par ce chemin de fer prélude du canal. Rien à dire du parcours plutôt monotone au sein d'une brousse souvent marécageuse dans laquelle de distance en distance on a fait quelques défrichements où se sont élevés magasins, ateliers, bureaux et habitations, ces dernières groupées parfois en véritables petits villages. Tout cela, il va sans dire, est plus ou moins abandonné, ainsi qu'une partie du matériel, et il est là des tableaux curieux de navrante désolation.

Si Panama a son cachet de vieille ville, tout autre est Colon (ou Aspinwal) véritable ville en bois, construite en majeure partie sur pilotis au bord d'une baie ouverte; aussi ce port est-il souvent d'assez mauvaise tenue et les bateaux doivent surveiller le temps pour, au premier signe de bourrasque, reprendre le large et éviter d'être jetés à la côte, comme cela arrive ainsi que nous en avons été témoins.

Nous reprenions un paquebot de la ligne Transatlantique qui touchant à divers points des côtes colombiennes et vénézuéliennes dessert les Antilles pour gagner ensuite Bordeaux ou Saint-Nazaire alternativement.

La guerre civile malheureusement sévissait dans les deux républiques dont nous n'allions voir que la façade et c'est tout au plus si on allait nous permettre de poser le pied sur le sol, frappés que nous étions de quarantaine sanitaire, et... politique. Néanmoins nous avons pu nous rendre compe là encore combien étaient puissants les souvenirs espagnols dans des villes comme Carthagène; malheureusement nous ne pûmes monter à Caracas par ce pittoresque chemin de fer escaladant les montagnes au pied desquelles semble se tapir le mauvais port de la Guayra. La situation était si tendue, du reste, que des gens fuyaient leur pays et que les bateaux étaient l'objet d'une grande surveillance ; enfin des navires de guerre étrangers ne s'éloignaient pas prêts à tout évènement. Pauvres pays!...

Quelques jours après nous mouillons dans la belle et vaste rade de Fort-de-France à la Martinique, cette île qui devait être peu après si terriblement frappée.

Nous étions arrivés à la dernière étape de notre long voyage « Autour du monde » qui allait se clore par une visite des petites Antilles et des Guyanes. J'abandonnerai notre itinéraire rigoureux, car des exigences injustifiées en matière sanitaire voulant nous imposer une quarantaine nous visitâmes d'abord la Guadeloupe où on nous laissa débarquer sans réticence, et je résumerai nos impressions sur cés belles îles françaises de l'Atlantique ainsi que sur ce coin de littoral de l'Amérique du Sud peut-être trop décrié et où nous nous sommes installés côte à côte avec les Hollandais et les Anglais.

ANTILLES ET GUYANES

Commençons par la Martinique, cette île désor mais trop tristement célèbre, et que l'on avait surnommée la « perle des Antilles. »

Géographiquement personne n'ignore la situation, approximative du moins, de ces îles qui s'égrènent depuis la pointe de la Floride, jusqu'au flanc droit de l'Amérique du Sud. Celles qui nous intéressent ont reçu le surnom de « petites Antilles » pour les distinguer de leurs grandes sœurs situées plus au nord, mais placées dans les mêmes conditions climatologiques, c'est-à-dire sous une latitude tropicale, grâce à laquelle elles possèdent une magnifique exubérance de végétation sur un sol merveilleusement fécondant.

Ce fut cette haute terre de la Martinique qu'entrevit l'immortel Christophe Colomb dans son deuxième voyage au Nouveau-Monde et ce fut lui qui la baptisa du nom de Saint-Martin d'où

l'on a fait le nom qu'elle porte encore aujour-
d'hui. Les indigènes, les farouches Caraïbes,
disparus depuis longtemps, l'avaient appelée
« l'île des fleurs.... »

Comme ces îles antillaises en général elle
apparaît pittoresque et verdoyante, dominée par
des sommets : la terrible montagne Pelée, avec
ses 1350 mètres, les pitons du Carbet (1250
mètres), la montagne du Vauclin, le morne du
Diamant, et autres pitons plus ou moins pointus
d'une hauteur de quelques centaines de mètres.
Des vallées plus ou moins creuses descendent
vers la mer arrosées par des torrents deve-
nant parfois rivières, même quelquefois navi-
gables, dans la partie inférieure de leurs parcours.

La Martinique a la forme vague d'un parallélo-
gramme irrégulier allongé, à bords découpés,
surtout dans la partie basse. Sa longueur est
d'une vingtaine de lieues sur à peine une dizaine
dans sa plus grande largeur, et sa superfice re—
présente près de 100,000 hectares. Dans le
caprice de ses formes elle offre sur la façade
atlantique une longue presqu'île (celle de la
Caravelle), abritant les baies du Galion et de la
Trinité, baies suivies de celle du Robert et autres
de moindre importance. Au sud celle du Marin

forme un véritable bassin naturel, manquant de profondeur malheureusement. Et enfin sur la côte de la mer des Antilles s'ouvre le superbe havre de Fort-de-France profond et large de plus de deux lieues.

Il n'est pas besoin de rappeler que nos îles antillaises sont de nos plus vieilles colonies, débris d'un vaste domaine englobant à un moment toutes les Antilles. Au début du XVIIe siècle nous nous installions audacieusement sur ces terres lointaines d'une partie desquelles les traités allaient nous obliger de nous séparer au profit des nations voisines, et ce fut de la sorte que nous fûmes réduits à la Martinique, la Guadeloupe avec ses dépendances (la Désirade, les Saintes et Marie-Galante), et plus, la petite île Saint-Barthélemy et un morceau de côte de Saint-Martin.

On sait aussi que la grande culture de ces pays est la canne à sucre dont les plantations couvrent près du quart du territoire martiniquais. On en extrait le sucre qui malheureusement ne peut plus soutenir la concurrence de celui de betterave et les tafias et rhums (par la distillation), produits et sous-produits alcooliques, qui trouvent difficilement place sur le marché français trop abondamment alimenté d'alcools étrangers

à vil prix.... Aussi le pays passait-il par une véritable crise commerciale et industrielle quand a
surgi le terrible cataclysme qui semblait vouloir
parachever sa ruine. On cultive bien encore par
milliers d'hectares certaines plantes qui pour-
raient être appropriées à l'alimentation d'une
façon plus lucrative, mais jusqu'ici cette production ne joue qu'un rôle bien modeste dans le commerce en général ; c'est en première ligne le cacao,
puis après la vanille ; quant au café local il est de
bien peu d'importance à la Martinique. Si l'île
ne renferme pas de fauves, comme toutes les
autres du reste, elle était jadis infestée de serpents, du redoutable trigonocéphale, mais il
semble prêt à disparaître en présence de la
mangouste de Madagascar, son mortel ennemi. Il
va sans dire qu'on trouve aussi des échantillons
de toutes nos espèces domestiquées d'animaux.

La surface couverte par la forêt est encore
considérable et elle offre de bien pittoresques
paysages comme nous avons pu nous en apercevoir lors de nos excursions à travers l'île, aussi
bien sur la curieuse route de Fort-de-France à
Saint-Pierre que sur celle passant d'un versant
à l'autre par le Morne-Rouge, ou encore d'autres
à l'intérieur, telle celle du Gros-Morne, du Vert-
Pré, ou de celles du littoral. C'est dire qu'un

certain réseau de routes carossables dessert les points principaux de l'île, tandis qu'un service côtier mettait Saint-Pierre en relations avec Fort-de-France (bi-quotidiennement), et avec le sud de l'île hebdomadairement.

Ceci m'amène à parler de la population, estimée, il y a quelques mois, à 200,000 âmes et composée en majeure partie de race noire ou tout au moins mulâtre. Elle était répartie tant dans la campagne que dans un certain nombre de centres plus ou moins importants.

La première de ces villes était Saint-Pierre, avec ses 25 à 30,000 âmes. La pauvre cité détruite sous les feux du ciel et de la terre était bâtie au pied presque du terrible volcan, à jamais mémorable; elle s'étendait au long de la mer sur plusieurs kilomètres accotée par endroit à de verdoyantes falaises, que couronnaient des champs de cannes à sucre. L'aspect extérieur de ce coin martiniquais avec la rade ouverte où stationnaient toujours un certain nombre de bateaux était des plus riants,.... Quant à la ville elle-même, elle était des plus animées, centre commercial important où se traitaient toutes les affaires.... Mais qui n'en a lu des descriptions circonstanciées parues dans tous les journaux et revues.... Pour ma part je lui ai consacré bien des pages, comme si

j'avais tenu à lui payer une dette de reconnaissance, tant j'avais conservé bon souvenir de mon
court séjour à Saint-Pierre.

Après la ville disparue, c'était Fort-de-France,
la capitale effective, la ville administrative, le
centre militaire et marin, que l'on prendrait
pour une bonne petite sous-préfecture de France,
avec ses rues tirées au cordeau, ses maisons à
un ou deux étages, ses magasins, modestes pour
la plupart, son église avec son petit square, son
vieux palais de justice et sa mairie moderne.
Mais elle possède une belle et vaste place, la
Savane, nom donné du reste à toutes ces grandes
places aux Antilles, laquelle s'étend au bord de
la rade dans l'encadrement de beaux arbres.
C'est là que la Société vient se promener surtout
les jours où la musique de la flotte se fait
entendre. Sur un des côtés de la place se dresse
le vieux fort Saint-Louis défendant la baie et
abritant le port et l'arsenal avec la cale de radoub,
voisine de l'appontement de la Cie Transatlantique, tandis que sur une autre face se distingue
un gracieux pavillon où est installée la bibliothèque. Tout proche est la résidence, modeste, du
gouverneur, et non loin les établissements militaires. Au centre de la Savane est une statue en
marbre blanc de Joséphine de Beauharnais dont

les regards sont tournés vers la rade dans la direction du village des Trois-Ilets où celle qui

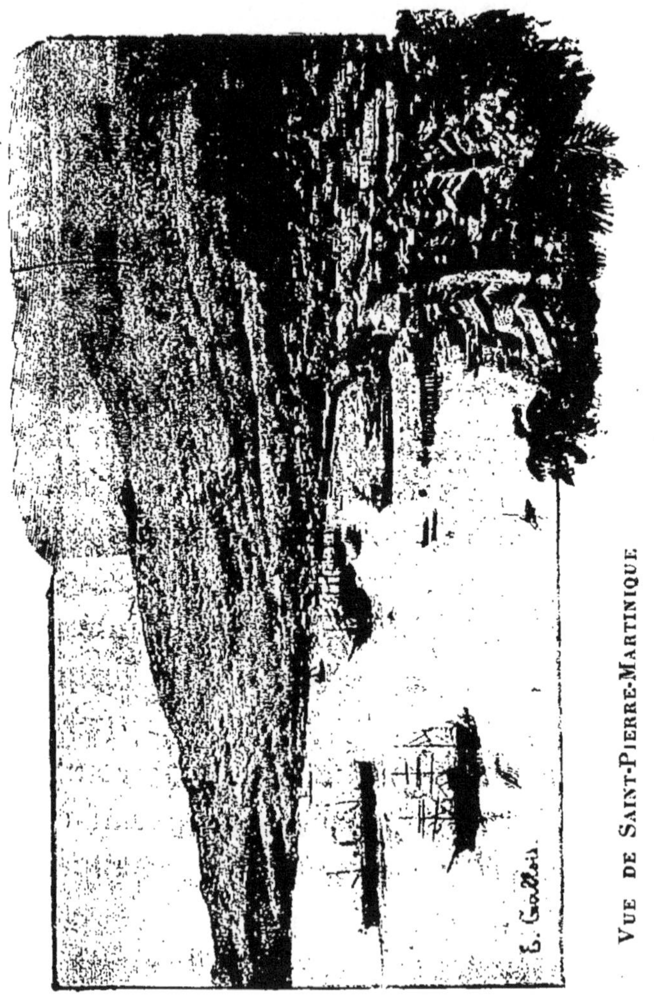

VUE DE SAINT-PIERRE-MARTINIQUE

fut la grande Impératrice vit le jour. Fort-de-France est également comme encerclée par des hauteurs dont les premiers échelons portent d'un

côté l'artillerie et sur divers points des ouvrages
militaires. Au-dessus, à environ 400 mètres de
hauteur est le camp sanatorium de Balata, d'où
la vue s'étend superbe... à l'arrière de la ville est
un petit quartier de pêcheurs installé sur la pittoresque rivière Madame dans laquelle se déverse
le trop plein du Château-d'eau de la ville. Telle
est cette ville de 12 à 15,000 âmes, d'où nous
rayonnâmes à travers l'île, parcourant ses riantes
campagnes, visitant ses vastes domaines sur
lesquels on circule même en chemin de fer au
travers des plantations, grâce à l'accueil aimable
que nous avons reçu avec la plus charmante
hospitalité et dont nous conserverons le meilleur
souvenir. Je passe sur la visite des usines et des
installations de toutes sortes plus intéressantes
les unes que les autres. Il n'est pas jusqu'au sud
de l'île que nous n'ayons tenu à parcourir....
Malheureusement que de deuils...; combien ont
succombé dans la catastrophe parmi ces amis
d'un jour, dont quelques-uns ont échappé comme
par miracle....

Et maintenant combien sombre est l'avenir
pour cette pauvre Martinique? Les savants paraissent bien déroutés en face des événements;
ils n'osent plus se prononcer. L'île tout entière
doit-elle se disloquer sous la poussée volcanique,

comme certains voulaient le laisser présager, ou l'action volcanique se calmant le pays va-t-il revoir des jours meilleurs? Bien téméraire serait celui qui oserait se prononcer. Toujours est-il que si la Martinique ne doit pas être rayée des cartes, ce qu'il faut bien espérer, elle aura besoin de bien des efforts et de longues années pour se remettre de cette secousse effroyable. La France et le monde entier ont tendu la main aux malheureux; mais il faudra les aider encore et les encourager dans la lutte qu'ils vont entreprendre pour se venger de la nature.

L'île anglaise de la Dominique sépare les deux grandes sœurs antillaises la Martinique et la Guadeloupe, et la distance entre elles est d'une centaine de kilomètres. Elles ont forcément de grandes analogies, elles ont subi les mêmes vicissitudes politiques et économiques et jouissent d'un climat identique. A certains points de vue cependant la Guadeloupe, lors de notre passage, était encore en moins bonne situation que la Martinique et la crise sur l'industrie de la canne à sucre paraissait plus aiguë encore, mais elle a dû profiter dans une certaine mesure du malheur de sa sœur martiniquaise.

Géographiquement je me permettrai de rappeler que la Guadeloupe est formée de deux îles séparées par un canal (bras de mer) étroit mais long de plusieurs kilomètres, véritable rivière salée comme l'indique son nom. A ses extrémités sont des sortes de baies défendues par des récifs voire même des îlots; celle de l'est forme la rade de la Pointe-à-Pître. Ces deux terres de la Guadeloupe ont un aspect absolument différent, si l'île du nord dite à tort Grande-Terre (ne comportant que 56,000 hectares contre les 94,000 hectares que compte sa sœur) est plate, par contre celle du sud désignée sous le nom de Basse-Terre est toute montagneuse. D'aspect très pittoresque elle est dominée par des sommets de 1,000 à 1,500 mètres presque, comme le Piton de Bouillante et surtout le volcan de la Soufrière (avec ses 1,480 mètres).

La flore et la faune sont identiques à celles de la Martinique, hormis qu'à la Guadeloupe il n'y a pas de serpents.

La surface cultivée peut être évaluée à 50,000 hectares dont environ moitié en canne à sucre, et celle encore en forêts serait d'une quarantaine de milliers d'hectares. On compte environ 500 propriétés rurales, dans certaines desquelles on s'adonne, avec fruit, à des cultures autres que celle de la canne à sucre, comme au cacao, au café, à la vanille, etc....

La population (d'environ 180,000 âmes) serait donc moins dense qu'à la Martinique.

Un séjour de quelques semaines devait également nous permettre de faire suffisante connaissance avec le pays et d'avoir une idée de ses beautés pittoresques. A ce point de vue c'est sans conteste l'île du sud qui retiendra le voyageur par le charme de ses paysages. La capitale de la colonie est, du reste, dans cette région au pied de la majestueuse Soufrière ; elle porte le même nom que l'île elle-même : Basse-Terre. Modeste ville, accolée à la montagne, coupée par trois torrents, elle n'offre aucun intérêt spécial bien qu'elle soit le siège du Gouvernement, installé sur une grande place plantée le « champ d'Arbaud »; sur la mer est une autre place promenade avec l'hôtel de ville; c'est là qu'est l'appontement, car les navires mouillent à quelque distance sur rade foraine. A une des extrémités de la ville est le vieux fort portant le nom du général qui y est enterré : Richepanse.

Les excursions ne manquent pas aux environs, mais celle qui s'impose c'est la montée au champêtre sanatorium dit : le camp Jacob, délicieux séjour, à une altitude d'environ 400 mètres, où les maisonnettes disparaissent dans la verdure et les fleurs. Plus haut encore c'est Matouba par où l'on gravit le volcan. Mais une seule bonne route permet de prendre contact avec l'île ; elle longe la côte est et met Basse-Terre en communication avec la Pointe-à-Pître sur une longueur d'environ 60 kilomètres. Ce parcours fait par une voiture publique, presqu'innomable, nous a laissé un agréable souvenir ; de distance en distance ce sont des villages traversés, des plantations et surtout des échappées sur la campagne ou la mer.

Bien plus importante que Basse-Terre est la Pointe-à-Pître, ville plate, sans intérêt pittoresque, avec sa Savane à laquelle font comme un décor les montagnes lointaines. Le long des quais plantés d'arbres un certain nombre de magasins, de bureaux, se suivent, face à la rade sur laquelle sont mouillés des voiliers de diverses nationalités. Le marché est assez animé et chaque matin il faut voir les indigènes arrivant de la campagne apportant leurs denrées ; il nous souvient là encore de ces jolies scènes qui charment le touriste, toujours ennuyé par les formalités douanières !

L'intérieur de l'île n'est qu'une suite ininterrompue de champs de cannes à sucre, semés d'habitations et d'usines plus ou moins espacées.... Des routes les coupent conduisant à différents petits centres, auxquels rien de particulier ne saurait attirer.

Enfin nous devions terminer notre voyage par une tournée sommaire aux Guyanes.

La route ne manque pas, du reste, d'être intéressante, puisqu'elle permet de jeter, en passant, un coup d'œil aux colonies étrangères voisines, et la comparaison n'est malheureusement pas à notre avantage.

Toute proche de la Martinique Sainte-Lucie s'offre comme la première escale, île anglaise, où l'on retrouve plus d'une famille française, puisqu'elle faisait jadis partie de notre domaine colonial américain. Elle possède un beau port naturel sur lequel s'élève le chef-lieu, la petite ville proprette de Castries nantie d'un agréable jardin botanique. Si la population de l'île s'élève à une cinquantaine de mille âmes, Castries en compte à elle seule environ le cinquième. L'aspect du pays est des plus verdoyants et pittoresques, et il en est de même des petites terres voisines, minuscules parties de la chaîne des Antilles, comme Grenade et les Grenadines; mais grande et superbe s'étend à la suite la Trinité, jadis terre française également.... Peuplée de 250,000 habitants, sa capitale à elle seule en compterait plus de 60,000 habitants; Port-d'Espagne est son nom. Elle a la physionomie d'une véritable ville avec ses rues et ses édifices, de style ogival anglais malheureusement pour la plupart ; un tramways y circule. En dehors d'avenues et squares elle possède aussi un beau parc public, comme Demerari, la capitale de la Guyane anglaise, l'escale suivante. La rade de la Trinité s'étend superbe sur cette sorte de mer intérieure comprise entre l'île et la côte américaine et à laquelle on accède par d'étroites ouvertures, comme les bouches pittoresques (du Dragon) au nord. A Demerari, nous nous sommes encore trouvés en face d'une cité bien établie au bord d'une rivière, formant port, avec voies spacieuses, promenades (comme un beau jardin botanique) et toutes les installations modernes (tramways électriques, etc.).

A la suite c'est Paramaribo la cité hollandaise de la Guyane notre voisine directe que sépare de nous la rivière du Maroni sur laquelle à quelque trente kilomètres de la mer sont situés les établissements pénitenciers, compris dans les deux centres de Saint-Laurent et de Saint-Jean. Un chemin de fer de plusieurs lieues les unit traversant une série d'exploitations agricoles dont la surface représente déjà des milliers d'hectares ; le domaine de l'Administration est vaste au surplus, c'est de la sorte que d'autres coins de sol ont été mis en valeur comme à Kourou et ailleurs. Autrefois l'Administration pénitentiaire était concentrée à Cayenne et sur ces fameuses îles du Salut, auxquelles stoppe le navire avant d'aller mouiller dans la rivière. D'aspect verdoyant ces petites îles, principalement celle dite Royale, portent les divers services administratifs dont la direction est à Cayenne même. Je transcrirai pour mémoire la moins importante quoique la plus connue, l'île du Diable!

Quant à la ville de Cayenne même elle a conservé un certain cachet pittoresque avec ses maisons, à toits de tuiles, malheureusement assez mal aménagées d'ordinaire, et surtout sa belle place dite des « palmistes » toute plantée de ces palmiers à haute tige, au sommet desquels nichent les innombrables urebus (vulgairement charognards) ces vilains oiseaux qui se chargent de la voirie. Un tertre vert où jadis s'éleva un fort domine la ville que baigne la mer à l'est. Les 10 à 12,000 de ses habitants forment une population extra-cosmopolite, composée surtout de noirs et de mulâtres, attirés pour beaucoup par les fameux placers aurifères situés sur les rivières et particulièrement sur le Maroni et ses affluents et sous-affluents, comme l'Inini, en vogue lors de notre passage, époque à laquelle tous les efforts étaient dirigés vers l'exploitation de l'or au détriment de celle agricole, complètement délaissée, alors qu'elle pourrait être si intéressante vu la richesse exceptionnelle du pays.

Voilà ce qu'il nous a été donné de constater. Il y aurait beaucoup à dire, malheureusement le sujet demanderait un développement qui ne saurait trouver place ici, aussi je n'insisterai pas, ayant voulu me contenter de signaler le fait et de répéter qu'on pourrait tirer un tout autre parti de cette Guyane dont la Suisse nous a rogné les frontières contrairement à toute attente et malgré tous nos titres sur le « Contesté. »

Il ne nous restait plus qu'à regagner la France après une année d'absence.... C'est ce que nous fîmes, traversant l'Atlantique à travers cette partie dite la mer des Sargasses et saluant au passage les îles des Açôres, et nous débarquions à Bordeaux heureux de retrouver la Patrie....

F I N

TABLE DES MATIÈRES

— Lille. Typ. A. Taffin-Lefort. 1903. —

www.ingramcontent.com/pod-product-compliance
Ingram Content Group UK Ltd.
Pitfield, Milton Keynes, MK11 3LW, UK
UKHW022034070726
13613UKWH00002B/516